I0781437

Julio M. Shiling

AMÉRICA LATINA BAJO EL ASEDIO SOCIALISTA

DIVISIÓN EDITORIAL

DEL MISMO AUTOR

Dictaduras y sus paradigmas: ¿por qué algunas dictaduras se caen y otras no?

Democratización en Cuba: un manual conciso

11J, éxodos, embargo y Martí en Cuba

Espionaje, cómplices y otros instrumentos del castrismo

China: el monstruo fabricado en Occidente

Cosas que hay que saber sobre política

Excepcionalismo americano: credo, cultura y política

América Latina bajo el asedio socialista

Trump: candidatura, presidencia y persecución

La insurrección marxista en Estados Unidos

Las elecciones manipuladas de 2020: injustas y espurias

El régimen Biden-Obama: una vía fabiana al socialismo

Ucrania: una lucha por la libertad y la soberanía

Islamismo: enemigo de la libertad

DEDICATORIA

Para Marina, compartiendo el sueño y la esperanza de que
las Américas, de una punta a la otra, sea libre y
democrática

Para Marina, compartiendo el sueño y la esperanza de que
las Américas, de una punta a la otra, sea libre y
democrática

RECONOCIMIENTO

Agradecimiento en la mayor de las proporciones a José Tarano por el minucioso esfuerzo para hacer posible este proyecto.

CONTENIDO

PREFACIO
AMÉRICA LATINA BAJO EL ASEDIO SOCIALISTA

América Latina ha estado asediada por el comunismo desde que los bolcheviques se instalaron en el poder. La Internacional Comunista (Comintern), creada en 1919, lanzó oficialmente la guerra global del marxismo-leninismo por el poder. Cuando el castrocomunismo estableció la cabeza de playa soviética en el hemisferio occidental, ni un solo país latinoamericano se libró del intento marxista de hacerse con el control político. La caída de la URSS no cambió esa ofensiva. Solamente cambió el liderazgo imperial de la Unión Soviética a Cuba y la metodología para subvertir el orden establecido. La financiación de esta guerra socialista se ha realizado con el petróleo venezolano, el tráfico de drogas e información y el arrendamiento de una fuerza neoesclavista, en particular con las brigadas de servicios médicos.

Esta obra explora este desarrollo mediante una recopilación de escritos. Se examinan casos de países concretos. El Foro de Sao Paulo, heredero de la Comintern, inició en 1990 una nueva forma de socavar las instituciones republicanas para, una vez en el poder, proceder a su desmantelamiento sistémico. Típicamente, los casos que tuvieron éxito en repeler esta nueva estrategia marxista, nunca eliminaron completamente el peligro, como nos recuerdan los casos recientes en Brasil, Argentina, Chile, Bolivia y Colombia. La guerra para hacer comunista a las Américas continúa. Las naciones democráticas de la región, sobre todo Estados Unidos, deben adoptar un enfoque más proactivo si quieren que la libertad tenga un hogar en el continente americano.

CAPÍTULO 1 ARGENTINA

Argentina: nación sitiada (1955-2006)

Cuándo Ana María González visitó la casa de su amiga María Graciela Cardozo, para situar en la cama del padre de su compañera de colegio la bomba que horas después volaría los sesos del jefe de la policía de Buenos Aires, ¿se imaginaba que aún faltarían 27 años más antes de alcanzar el poder? El horrible asesinato cometido por la adolescente montonera ese 16 de junio de 1976, tipificó la violencia indiscriminada desatada para promover la premisa marxista de la lucha de clases que, formalmente, se había iniciado en ese momento.

Hoy, 3 años después de las elecciones del 2003 y 48 desde que John William Cooke, activista de ideas híbridas nacionalistas-marxistas-leninistas, comenzara en septiembre de 1955 a la "Resistencia Peronista", la guerra por implantar el comunismo en la patria de San Martín, vemos a la república argentina cada vez más encaminada a su esterilización como sociedad libre. Antes de entrar en el examen de lo transcurrido y la presidencia de Néstor Kirchner en Argentina, es obligatorio un recuento de los hechos para ver cómo ocurrieron y las ideas que sostienen esa trayectoria que hoy goza del apogeo oficialista.

Discutir los méritos del marxismo como concepto abstracto, no es el propósito de este artículo, sin embargo, un entendimiento básico del mismo es fundamental para comprender el proceso que ha vivido y vive la Argentina (y otros lugares). El marxismo, como el nacionalsocialismo (nazismo), son ideologías deterministas. Ven el desarrollo del mundo como seguimiento a unas "leyes" que se manifiesta por medio de "luchas". El nazismo interpreta unas supuestas "leyes de naturaleza" que se materializan en una "lucha de razas". Para el marxismo, todo sigue "leyes de la historia" que se despliegan en una "lucha de clases".

Los adeptos a estas doctrinas se consideran agentes encargados de asistir a estos "procesos", traducidos por ellos como inmutables. De ahí que los nazistas utilizan la práctica de eliminar al no-ario como colaboración meritoria con la naturaleza. Los comunistas también abrazan la ejercitación del exterminio, en este caso de clases (social, política, religiosa, cultura o ideológica), como prerrequisito para, junto a la alteración en las relaciones de producción, alcanzar el final de la "alienación", el puerto utópico de la barca marxista y construir el "hombre nuevo".

Marx expresó virulentamente la necesidad de fusionar la violencia con toda acción revolucionaria. Su desprecio por el pacifismo es connotado. La lucha armada revolucionaria, con la intención de derrocar sistemas capitalistas violentamente, no solo era consecuente con las ideas de Marx, sino que eran necesarias. Y los argentinos que creyeron y lucharon por implantar el paradigma comunista, no cometieron una herejía con esa seudoreligión que es el marxismo. Fueron fieles a la metodología que prescribió su fundador.

La lucha para convertir a la Argentina en una república socialista (no confundirse con Democracia Social) ha tenido seis periodos. Los actores fueron una amalgama de movimientos marxistas-leninistas que, aunque a veces evidenciaban antagonismos entre sus fracciones, todos conspiraban a favor de la conversión de Argentina en un Estado comunista. Al final, terminaron reconstituyéndose o fusionándose en dos: el Ejército Revolucionario del Pueblo (ERP) y los Montoneros. La primera etapa (1955-1968) consistió, principalmente, en focos de guerrillas rurales en escenario notorios del país como las provincias de Tucumán, Salto y otras áreas montañosas. La gesta subversiva armada fue infructuosa en su acción de llevar a cabo alguna victoria contundente.

La segunda etapa, de 1969 a 1972, marcó una intensificación en la guerra marxista al incorporar a la insurgencia las guerrillas urbanas. Esta inclusión masiva de las ciudades elevó el nivel de la contienda beligerante. El secuestro, la tortura y el asesinato en mayo del 1970 del expresidente Pedro Aramburu por los Montoneros, avisó de la llegada de una sangrienta década que se avecinaba a la Argentina. Los esfuerzos notables de las fuerzas de seguridad por frenar la ofensiva subversiva originaron el establecimiento de un marco jurídico para combatir a los comunistas, como fue la Cámara Federal de Penal. Este instrumento legal sirvió para procesar y condenar a más de 2,000 terroristas.

El retorno de la democracia en mayo de 1973 marcó el comienzo del tercer periodo (1973-1976) de la guerra comunista por el poder estatal argentino. Teóricamente, la democracia, como sistema político, es un acérrimo enemigo de esquemas doctrinales como el marxismo-leninismo, que emplea el totalitarismo como modo operativo. Sin embargo, la voluntad de destruir la embestida comunista por parte del nuevo presidente, Héctor Cámpora, parece no haber estado presente. El primer acto oficial del recién estrenado mandatario fue derogar la Cámara Federal Penal. Este ataque frontal al mecanismo legal para enfrentar al terrorismo y la posterior amnistía a todos los terroristas que habían sido condenados vitalizó los movimientos antisistemas. Cámpora también desmanteló el Tribunal Supremo y entregó la Universidad de Buenos Aires, en capacidad de interventor virtual, al connotado comunista Rodolfo Puiggros (luego convertido en líder montonero). La subversión estaba galvanizada.

Los asesinatos, secuestros, atentados dinamiteros, ataques a guarniciones, bancos, etc., alcanzaron niveles inauditos. El 13 de julio, Cámpora renuncia. Esto era algo que muchos esperaban y consideraban su gesta presidencial como un preludio premeditado para el retorno de Juan Domingo Perón al poder. Nuevas elecciones fueron convocadas para septiembre que Perón ganó con 61% del voto. Tomando en cuenta la raíz peronista del movimiento montonero, Perón (y muchos de los que votaron por él) pensaron que el movimiento subversivo encontraría, en el mentor, un bálsamo para el apaciguamiento. Perón, al igual que Cámpora antes que él, subestimó el apetito de los que estaban comprometidos con el establecer, nada menos, que un orden marxista en la Argentina. Todo esfuerzo de cooptar la subversión (y fueron muchos) resultaron infructuosos. El gran mariscal del estatismo argentino, Juan Domingo Perón, fue abandonado por esos que, surgiendo de sus filas fascistas-socialistas, encontraron en el comunismo, un variante del socialismo más apetecible. El caudillo no hizo su ira callar.

La respuesta de Perón a la guerra subversiva marxista fue la Triple A. Esta organización, operando en la ilegalidad y de forma clandestina, empezó la campaña furtiva de penetrar células subversivas marxistas y neutralizar a sus integrantes. Con solamente nueve meses en el poder, Perón falleció, muy lejos de haber aminorado o, mucho menos, aniquilado a sus nuevos enemigos, antiguos discípulos. Quedó su esposa, Isabel Martínez de Perón, de presidenta.

La presidencia de Isabel Perón se inicia con mucha agresividad en la lucha contra la guerra revolucionaria que mantiene en este tercer periodo que culmina en 1976 con un golpe militar. Comenzando 1975 fue autorizado el Operativo Independencia (decreto secreto No.261), una campaña otorgando poderes amplios al ejército argentino para combatir la guerrilla comunista en Tucumán, provincia fuertemente abatida por el ERP y amenazada con convertirse en "zona liberada".

La despiadada crueldad que ejercían los marxistas en la guerra fue tipificada con el hallazgo, en 1975, del cuerpo del teniente coronel Larrabure, secuestrado por más de un año, confinado a una fosa llamada "cárceles del pueblo", cavada debajo de una casa Larrabure. Había perdido cuarenta kilos durante su cautiverio y su cadáver demostraba una contusión rectangular en forma de un martillo, en el cuello tenía un surco de estrangulamiento por torsión hacia atrás y, en los órganos genitales, congestiva inflamatoria, similar a la provocada por descargas eléctricas. El terror y la indignación nacional ante la barbarie roja, alcanzó proporciones desenfrenadas.

Pese al esfuerzo del gobierno de Isabel Perón por frenar la avanzada subversiva, en adición al Operativo Independencia y el decreto No. 2772 de octubre de 1975, dando mayores facultades a las fuerzas armadas para lidiar con la insurgencia, el caos no parecía debilitarse. El hecho es que las autoridades argentinas, después del decreto de Cámpora derogando la Cámara Federal Penal y la ley de amnistías indultando a más de 2,000 terroristas, nunca recobraron el terreno ganando a los guerreros comunistas. No es casualidad que más del 52% de los actos terroristas y el 70% de los asesinatos fueron llevados a cabo durante democracias, entre 1973 y 1976.

El cuarto periodo (1976-1979) de la guerra se desprende a partir del golpe militar de marzo de 1976. Se le llamó "golpe militar" por la ascendencia al ejecutivo del estado argentino de la junta militar presidida por Jorge Videla, Massera, et al., y la manera no-democrática de llegar al mismo. Pero en realidad fue, más bien, un golpe cívico-militar, ya que había el reclamo popular por la acción pretoriana interventora y tenía el amplio respaldo de la mayor parte de la rama legislativa multipartidista y judicial de la nación argentina. La sociedad civil, abrumadoramente, reforzó moralmente y con generoso entusiasmo, la acción castrense. Esto incluye a personalidades de la izquierda como Jacobo Timmermann, Ernesto Sábato, etc., con este último rindiendo impresionantes loas al "libertador" Videla. De haberse celebrado elecciones libres en ese momento ante la crisis existente, con gran probabilidad, hubiera obtenido tal vez la mayoría más decisiva en la historia de las elecciones argentinas.

La misión de la junta militar de 1976 fue la de neutralizar la ofensiva marxista, sus acciones terroristas, y poner fin al proyecto de establecer una república comunista en América del Sur. Su preocupación no fue ganar concursos de popularidad y eso fue, indudablemente, un gran error estratégico. El reto que enfrentaban fue enorme. En ese momento, los combatientes marxistas representaban la fuerza insurreccional más grande en el hemisferio occidental. Su modo no-convencional de desarrollar una guerra de guerrillas, rural y urbana, dificultaba la tarea de combatirlos. No obstante la ferocidad y el poder del ERP, los Montoneros, la tiranía castrocomunista, el comunismo internacional, la izquierda radical y sus respectivos simpatizantes, las fuerzas de seguridad argentinas ganaron, en tres años, la contienda bélica, y restablecieron el orden.

La lucha marxista-leninista por el poder, con su empleomanía del terror armado, se llevó a cabo entre 1955 y 1979. Su costo a la sociedad argentina fue enorme. Esta atroz guerra para imponer un sistema sobre la mayoría, por una minoría, elitista y fanática, que obedecía a una ideología radical, atea e intolerante, colectivizó el luto y el caos. ¡Solo entre 1969 y 1979 hubo 21,642 actos terroristas ejecutados por los comunistas! La derrota militar aplastante que sufrieron los combatientes marxistas, llevó a la dirigencia subversiva a cambiar de campo de batalla. La despreocupación del régimen militar por el reclamo de las imágenes y percepciones probó, al final, ser un error colosal que capitalizó el enemigo.

La quinta etapa (1980-2003) recorre la parte final del mandato castrense. Después de ganar la guerra bélica en 1979, recorre el retorno a la democracia con las presidencias de Raúl Alfonsín, Carlos Menem y concluye con la ascensión al poder del actual mandatario. La cúpula marxista argentina y sus cómplices revolucionarios internacionalistas, no cesaron en sus afanes conspirativos para, en la tierra donde nació Sarmiento, instaurar una dictadura socialista. La metodología para conquistar el poder, cerradas las puertas de la vía armada, resultó ser el terreno de la opinión pública en las capitales del mundo occidental capitalista.

La guerra roja publicitaria abrazó la premisa de difusión de Hermann Goebbells, ministro de Propaganda de Hitler, de que repetir una mentira suficientes veces y convertirla en la opinión pública, la convierte en una "verdad". El proyecto fue de convertir a los victimarios en víctimas. La "victimización" se esperaba, generaría una reacción mundial que presionaría a los vencedores de la guerra armada a prescindir del poder. Y establecido el espacio, la tarea usurpadora daría, en territorio nacional, un nuevo ímpetu.

El tema de los "desaparecidos" resulto una genial componenda, dentro de una instrumentación muy bien elaborada, para facilitar el camino al poder. En léxico político, el acto de "desaparecer" a alguien consiste en la detención y ejecución, sin juicios y extraoficialmente, de un opositor real o imaginario. Sí, lamentablemente y sin duda, hubo desapariciones en la Argentina. Por supuesto que no fueron los números bombásticos e hiperinflados ofrecidos por los defensores de la subversión marxista. Cifras serias varían entre 4,000 y 7,706. Tarea complicada por la constante "reaparición" de personas consideradas "desaparecidos" que, sin embargo, estaban viviendo y activos en Europa, América Latina y los ex –países socialistas. Indemnizaciones posteriores a familiares, aseguran que los números nunca ascenderán a proporciones reales.

La práctica sistemática de detener y ajusticiar combatientes sin revisión jurídica, se llevó a cabo por gobiernos argentinos, democráticos y no-democráticos, durante la década del 70. Esta actividad se recrudeció con la intervención castrense de 1976 y duro hasta 1979. Sin embargo, las desapariciones pre-golpe militar, no parece haberles preocupado mucho. Esto ha sido una omisión estratégica.

Las autoridades públicas argentinas, empleando la mecanización de aprehender y matar extraoficialmente a las capturadas fuerzas subversivas, pusieron fin a la guerra. La contraofensiva lanzada por el gobierno, y el régimen militar en particular, neutralizó la búsqueda armada del poder por los marxistas. Sus integrantes y simpatizantes abandonaron la vía armada y optaron mecanismos operantes en sociedades abiertas (las mismas que aniquilarían si hubieran llegado al poder).

El nuevo campo de batalla fue la opinión pública internacional. Nada más fácil que victimizar al que perdió la guerra. No importa si fueron los que la empezaron. La intensa campaña de victimización necesitaba de "víctimas" y "villanos". Los que escaparon al exterior con el comunismo internacional y sus cómplices de la izquierda, coreografiaron espectacularmente la embestida sicológica.

Como metodología sería obligado descontextualizar la historia. La práctica de descontextualizar es una mentira astuta. De esa forma habría un claro "villano". Extirparon, del largo proceso de lucha antisubversiva, el periodo después del golpe militar de 1976, ignorando 21 años previos de constante enfrentamiento bélico a las fuerzas antisistema. Así se desarrolló la temática de los "desaparecidos". El descarado arte de descontextualizar, de hacer un paréntesis de solamente un tramo de historia y pretender que no tiene vínculos orgánicos, de hacer creer que toda la violencia surgió a partir del golpe castrense y que ellos (los insurgentes) "respondían" a dicho acto, fue posible solo por la desinformación, la ineptitud por la ignorancia y el acondicionamiento ideológico.

Maniobrando artificiosamente por canales legales e instituciones legítimas, lograron esquivar la atención de su pasado criminal. Organizaciones serias, particularmente de derechos humanos, engatusadas, canonizaron a grupos que hasta días previos había cometidos actos de la misma envergadura de la que estaban ahora señalando. El fiasco de las Malvinas retornó a la Argentina a la democracia. Comenzó en ese momento la mutilación del acomodamiento de la legalidad para satisfacer su agenda ideológica.

La victoria electoral de Raúl Alfonsín, político de la Unión Cívica Radical (UCR) y antiguo abogado de Mario Santucho, notorio terrorista jefe del ERP, extendió la contienda publicitaria a territorio argentino. La finalidad de socializar a la Argentina encontró un comodísimo entorno facilitado por la administración de Alfonsín. La vía de una legalidad parcializada e ideológicamente dirigida, fue puesta en práctica de forma inmediata. El decreto No. 158/83 institucionalizó la descontextualización histórica y jurídica. Esta orden ejecutiva criminalizó lo cometido durante la guerra, mayoritariamente solo por un bando (las fuerzas públicas) y por un periodo específico (durante el régimen militar). Los 359 desaparecidos de 1975, los 549 del primer semestre de 1976 y todos los cometidos por la Triple A, la banda paramilitar de Perón (Juan D.), no les interesó a los inquisidores partidistas. Era obvio que la lupa oficialista no tendría ni un remoto interés, en indagar sobre las atrocidades incurridas por los excombatientes revolucionarios.

La estrategia de las desapariciones selectivas recibió oficialidad doméstica con el decreto No. 187/83 que estableció la CONADEP, comisión comprometida copiosamente con los propósitos de los ex-insurgentes. Este instrumento lleno de errores, omisiones y falsedades sirvió de base para la "justicia" alfonsinista. Al rato comenzaron los juicios a los militares que pararon la guerra marxista armada.

El gobierno de Alfonsín obtuvo, para los terroristas marxistas argentinos, sus partidarios y la izquierda radical, impresionantes logros. Ofreciendo el pódium de un régimen democrático, legitimó ante la opinión pública, las quejas de los vencidos subversivos y encubrió sus bárbaros crímenes. Para la mayoría de los argentinos, el empobrecimiento, bajo su mandato, no solamente fue moral y cultural.

En su afán por socializar al país, Alfonsín casi destruye a la Argentina, al estatizar, para 1985, la mitad de los medios de producción nacionales, derrumbar el crecimiento económico, la productividad, el poder adquisitivo y los salarios reales. Lo que estaba en ascenso eran los precios, la delincuencia, el desempleo real y la inflación. Este último a niveles carnavalescamente bajos, lo que castigó con mayor severidad a los más necesitados. A pesar de las generosas concesiones concedidas por Alfonsín a los marxistas y la inmersión socializadora de su gesta, los conspiradores parecen no haber estado satisfechos.

Fiel a sus prédicas doctrinales, los comunistas retomaron la ofensiva bélica atacando, en 1989, el regimiento militar en La Tablada. Fue, como campaña militar, desastrosa para los comunistas. Las fuerzas públicas lograron enseguida aplastar el ataque. Defendiendo la nación y repelando el cobarde asalto, murieron más de 10 argentinos, incluyendo el Mayor Fernández Cutiellos, asesinado con un balazo al rostro después de habérsele cortado la lengua y los testículos. Penosamente, antes de concluir la próxima década, los asesinos comunistas estarían caminando libres por las calles.

La ascensión de Carlos Saúl Menem marcó un obstáculo para los propósitos de lograr una Argentina socialista y montonera. No obstante, la innegable corrupción (problema no-partidista argentino), las concesiones empresariales selectivas, el gasto público excesivo y acuerdos políticos nublosos, los avances socialistas en el ámbito político, cultural y legal alcanzados, cortesía de la previa administración, fueron un paso en el retroceso. El esquema cuasi-liberal, el acercamiento con los EE. UU., la condena al castrocomunismo en foros públicos y el indulto a los partícipes en la guerra en ambos lados, en busca de una reconciliación nacional, descarriló, momentáneamente, el ímpetu marxista en la Argentina.

Lamentablemente, los vínculos de Menem con el peronismo y su maquinaria sociopolítica, las reversiones estructurales a programaciones antisistema quedaron incompletas y mediatizadas. Esto atrofio el despegue argentino potencial y mucho quedó en los pantanos de la contracultura socialista. Los que vinieron después, no solamente continuaron la lectura incorrecta y la mal aplicación del libreto liberal, sino que les ofrecieron a las fuerzas conspiradoras la más grande oportunidad en una década para alcanzar el poder.

El léxico político se degradó a niveles vergonzosos, culpando a potencias extranjeras, sus instituciones y modelo económico, en vez de asumir la ineptitud de los políticos criollos que no supieron administrar la impresionante riqueza adquirida ni controlar el despilfarro público, resurgiendo la premisa de invitar al estado a ampliar su poder, achacando, calumniosamente, a un paradigma teórico que nunca se practicó.

Rápidamente, se movilizaron los movimientos antisistema para quebrar el orden democrático y desvirtuar la concordia política. La expresión del descontento social fue secuestrada por extremistas que decidieron redefinir "democracia". Fernando De La Rúa, con su renuncia, les dio a las turbas y sus secuaces, un nuevo formato para alcanzar el poder. A este, aun el acto de conmutar la sentencia de los atacantes a La Tablada, poco le sirvió para ser perdonado por el imperdonable suceso para la izquierda radical, de condenar al régimen castrista en los procedimientos de los DD. HH. de la ONU, a pesar de tener Cuba la infame "distinción" de ser el país con la mayor cantidad de presos políticos per cápita en el mundo y ser un fiel y consiste practicante de la tortura sistemática.

Políticos como Eduardo Duhalde, uno de los presidentes interinos, volvió a la inescrupulosa rutina de negarse a depositar el voto argentino en la digna columna de naciones que condenaron a Cuba comunista en la ONU. Sin lugar a dudas, gestos como ese, la excarcelación de connotados terroristas, como Gorriarán Merlo (el acto de cierre del mandato duhaldista) y la extensión del clientelismo ideológico, dejó claro que la locomotora marxista se había encarrilado nuevamente. Así concluyó el quinto periodo de la lucha revolucionaria por el poder argentino.

La nueva metodología de victimizar a los agresores desvirtuando la historia para así institucionalizar la contracultura (premisa marxista), amparadas por una legalidad partisana (táctica de lucha ejercida por los marxistas argentinos después de su derrota en el campo bélico) encontró, en la ascensión de Néstor Kirchner, su "raison d'etre" y marcó el sexto y actual periodo de la sitiada comunista (2003 - presente).

Con el 22% del voto popular (el más bajo en Argentina), arribó Kirchner al poder. En un "caballo de Troya" que entró por la puerta de una debilitada democracia e insertó el montonerismo en la cúpula estatal argentina. Lo que no logró las bombas, los asesinatos, los secuestros, las torturas y el terror en general, lo posibilitó la maquiavélica estrategia adoptada al concluir la contienda armada.

Dos fenómenos de la modernidad han hecho fácil la adquisición del poder por parte de los elementos radicales. El primero, la inclusión de la propiedad privada, amedrentada y cooptada, a la praxis socialista. La segunda, el empleo de la democracia misma, como sistema para arribar al poder. El comunismo es un fin, no un medio. Para alcanzar esa utopía, el modo operativo es implantar el autoritarismo para después, dependiendo en la extremidad de los propósitos, si es necesario, ejercer el totalitarismo. La metamorfosis que ha dado el marxismo al incorporar variantes del capitalismo, i.e., capitalismo concesionario, mercantilismo, etc., tolerando esquemas de propiedad privada para así alistarlo en concepto y práctica, en sus nociones de relaciones de producción (así lo explicó Deng Xiao Peng en 1978 y practicó Lenin en 1921), allanó el camino doctrinalmente para socialistas como Kirchner. Al establecer terrenos grises, la veracidad de las intenciones ha sido más fácil de ocultar. Adicionalmente, la incapacidad del socialismo de resolver las necesidades de sus habitantes, ha engendrado una relación de dependencia irremediable con el capitalismo. Es esta condición de parasitismo empedernido, la que obliga la tolerancia de la propiedad privada, aun cuando, dogmáticamente, la desprecia.

La utilización del foro democrático para llegar a la cúpula gobernante es el segundo factor. Típicamente encarando dificultad para tomar posesión del gobierno por las armas, el camino por vías democráticas es otro método de adueñarse del Estado. Así lo hizo Hitler y el Nacional Socialismo. Monopolizar el poder es la meta. Los obstáculos son la sociedad civil y la oposición. Sin duda que este proceso de consolidación de poder, cuando la dictadura en formación parte de la democracia, se hace más difícil. Lastimosamente, este fenómeno se está repitiendo con demasiada frecuencia. Los marxistas en la Argentina, desde el 25 de mayo del 2003, con un ex-montonero presidente gobernando desde la Casa Rosada, están en ese afán.

La toma de posesión de Kirchner contó con las figuras más predilectas de la izquierda radical. Ahí estaba el tirano-enjefe Fidel Castro, recibiendo la distinción de concretar la más prolongada reunión con el nuevo mandatario. Su discípulo Hugo Chávez también rozó los codos con el homenajeado. Esta cuasi-cumbre de terroristas, dictadores, sus apologistas y papagayos no fue un mero "show" publicitario, como algunos ilusos sugirieron. Kirchner rápidamente demostró la seriedad de sus convicciones.

Antiguos montoneros desbordaron el gabinete kirchnerista. Rafael Bielsa recibió la Cancillería; Carlos Kunkel se le asignó la Subsecretaría de la Presidencia; Enrique Albistur se le encomendó la Secretaría de Comunicación; Eduardo Sigal fue hecho Subsecretario de Integración Americana; Eduardo L. Duhalde fue nombrado secretario de derechos humanos; Juan Carlos Dante Gullo, asesor presidencial; Jorge Taiana sería nombrado secretario de Relaciones Exteriores; Patricia Vaca Narvaja recibiría la Secretaría de Defensa del Consumidor; Juan González Gaviola se le asignó el ser interventor del PAMI; Carlos Bettini, embajador en España y, más recientemente, la ministra de Defensa Garré. Todos ex-montoneros. Con esta composición estructural quedó claro que en este régimen la hegemonía sería montonera.

Los mecanismos con capacidad de frenar o destruir los proyectos de la nueva administración de - ex-subversivos, rápidamente fueron enfrentados. Las Fuerzas Armadas, de inmediato, vieron extirpárseles el mando a 52 altos jefes. Fueron colocados nuevos oficiales con afinidades ideológicas o debilidades oportunistas. Los servicios de inteligencia, necesarios para defender una nación moderna, fueron fatalmente debilitados. Opositores, para los marxistas, no son solamente los reales, sino también los imaginarios y potenciales. Una campaña calumniosa de desprestigio (mayor que las de antes) fue instaurada. Una serie de legalidades, trampas y reinterpretaciones fueron despachadas para suplementar las medidas planadoras.

Decretos con precedentes establecidos, como la Obediencia Debida y Punto Final, diseñados para sanar las heridas de una guerra difícil, fueron revertidos. La intención era clara, en adición al ánimo vengativo, Kirchner fortaleció el propósito de domesticar a la institución con la mayor posibilidad de bloquear la marcha al despotismo. La intención es el ablandamiento suficiente para que los uniformados respondan, no a la Patria, sino al Partido.

Propagandísticamente, la contracultura que el montonerismo luchó por institucionalizar, requiere la alienación de las FF AA. La premisa oculta de derogar la prohibición de extraditar oficiales argentinos a terceros países, obedece al objetivo claro de amedrentar las fuerzas castrenses enlistando, por medio de la complicidad internacional, a jueces marxistas dispuestos a enjuiciar extranjeros, teniendo estos en su propio patio, paradójicamente, a terroristas como Santiago Carrillo para encarcelar. El comunista español (Carrillo) ordenó la masacre de más de 5,000 personas en menos de tres meses, durante la Guerra Civil Española. Este desmembramiento psicológico pretende inculcar el terror dentro del ejército.

La monopolización del poder requiere de una intolerancia no solamente con opositores, sino también con los disidentes. El estado argentino, al ser el mayor empleador singular, la tarea de castigar, amenazar o premiar juega perfecto con las pretensiones dictatoriales de Kirchner. Un ejemplo fue el despido masivo de aliados de Daniel Scioli, cuando el vicepresidente cuestionó la "seriedad" del nuevo régimen. La expulsión del Dr. Sánchez Herrera, Procurador del Tesoro, por haber representado legalmente al General Juan Bautista Sasiain, es otro ejemplo (el primero perdió el padre y el segundo, la hermana, en actos terroristas). Esto es un descaro olímpico, cuando su ministro nada menos que de la secretaría de derechos humanos, no solamente es un exterrorista, sino que fue el representante legal de Mario Santucho, asesino fundador (mencionado anteriormente) del ERP, encausado por el secuestro, la tortura y el asesinato de Sallustro, gerente de Fiat.

La rama judicial es hoy un simple un adorno que el régimen montonero usa para sellar sus deliberaciones internas, enmascarando su poder casi completo. La noción toqueviliana de "separación de poderes" es, en la Argentina actual, un espejismo. Jueces cumpliendo sus funciones, pero que no han coincidido con la administración socialista, particularmente en el Tribunal Supremo, por medio de la intimidación o amenaza directa, han renunciado, han sido despedidos o cooptados. En su lugar, nuevos jueces, adeptos al fundamentalismo montonero, han sido colocados, listos para repartir "justicia revolucionaria". Este peligrosísimo acontecimiento facilita la solidificación absolutista del régimen kirchnerista, al poder este definir y prescribir lo que es "legal" y "constitucional".

Con la subordinación de la rama judicial, la práctica de la censura se ha elevado a proporciones alarmantes.

Terminología jurídica como "predica golpista", "apología del delito" y "protección del orden constitucional", han sidas incorporados a los códigos legales de la Argentina de hoy. Ninguna, si verdaderamente hubiera un sistema judicial competente, sobrevivirían en una genuina democracia.

Lograda la esterilización de las Fuerzas Armadas y las Cortes, la tarea de desintegrar la sociedad civil se simplificó. Teniendo la capacidad para "legalizar" y reforzar el ostracismo al que promueve y la inhabilitación para revertir la inconstitucionalidad de dicha acción, las libertades elementales han ido desapareciendo. El efecto es el de una censura de terciopelo. La población en masa, quebrada ante la intimidación, desiste de enfrentamientos efectivos y directos contra el régimen kirchnerista. Organizaciones de fachadas, establecidas para dar la imagen de "apoyo popular" y servir de fuerzas de choque para contrarrestar descontento social, son las patrullas ideológicas de los montoneros. Los piqueteros, movimientos radicales y sindicatos cooptados son algunas de las estructuras que sirven de pantalla para el exterior y agentes atemorizadores para el intramuros.

Medios de información integralmente comprometidos con la oficialidad socialista, se ocupan de lidiar el abatimiento contra la Iglesia y toda denominación no-tercermundista. Propagandistas ligados al gobierno kirchnerista descargan su plomo incesantemente para propagar el descrédito de instituciones que abrazan la creencia en Dios. Emplean todo el peso de la prensa servil buscando enraizar, culturalmente, el ateísmo. Censuran, ridiculizan, aíslan e intimidan para imponer un precio social a la sociedad argentina, por creer y adorar al Ser Supremo. El ateísmo fundamentalista que condiciona el comunismo, prescribe, sin equívoco, dicha proposición. La seudo-religión que es el marxismo hace irreconciliable su coexistencia con una Iglesia vibrante y negada a ser cómplice. Verbitsky, el Goebbells argentino, y tantos otros al servicio del régimen montonero, lo saben muy bien. Por eso, tan despiadadamente, la combaten.

El agrandamiento explosivo del sector público, que se ha llevado a cabo en los últimos tres años, forma parte de la esquematización elaborada para automatizar a la sociedad civil. La estatización de la Argentina es, en su máxima expresión, el arribo al nirvana del colectivismo. Más poder para el estado viene a las expensas del individuo. La concentración de la economía en manos pública no se traduce en un enriquecimiento del "pueblo". Esa mentira se la han vendido cínicamente. El "pueblo" no se convierte en dueño de nada, permanece marginado de las decisiones y está, netamente, a la merced de lo que hay en el almacén de ideas, dentro de la cabeza de los que controlan el poder.

Una democracia, para ser genuina, requiere pluralismo. La descentralización del poder político y económico, son firmes barreras para prevenir el despotismo. La soberanía de una sociedad reside, no con los que gobiernan, sino con los gobernados. Por eso, con ímpetu frenético, esta administración busca la grandilocuencia reguladora que otorga un estado predador para, de esa manera, concretar su hegemonía sobre el detalle en la vida de cada argentino. Mecanismo, maravillosamente perverso y prerrequisito, para implantar la meta por la cual vienen luchando desde 1955: una Argentina socialista.

En estos momentos, las instituciones públicas más capaces de impedir la penetración del comunismo, como las FF AA y el Tribunal Supremo, están defenestrados. La oposición política permanece desorganizada. Del lado civil, la Iglesia está asediada por la contracultura oficialista y, con nobilísimas excepciones, parece preferir esperar por el desarrollo de los acontecimientos. El sector privado, el motor verdaderamente capaz de producir riqueza, cada vez está más regulado y espantado. La única señal de liberalización es la licencia impune dada a los delincuentes, muchos bajo nómina estatal.

¿Tiene legitimidad este gobierno para hacer lo que están haciendo? Que en su primera elección haya ganado con el 22% del voto y 39.5% en la segunda, deja dudas, si es que se cree en el concepto del voto mayoritario. Las turbas contratadas son la cara que el montonerismo presenta ante esta incógnita. Quieren hacer creer que "turbacracia" y "democracia" son sinónimos.

¿Está todo perdido? No. Depende de los argentinos romper el silencio y no seguirle el juego a esta dictadura en construcción. La dinastía kirchneriana ya se está maniobrando. El clientelismo, por medio de la despenalización y tolerancia delictiva, augura incrementar sus números. Sin embargo, el montonerismo tiene vulnerabilidades. La fragmentación dentro del justicialismo es buena. El canibalismo político que se ejerce dentro del partido de Perón, obstaculizará la consolidación que busca el régimen montonero. La disidencia dentro de esas filas se debe estimular. Políticos opositores deben priorizar lo que los une: frenar la avalancha marxista. Deben de coordinarse alianzas de amplios espectros.

Más importante de que se llegue al poder por la vía democrática, es que se gobierne democráticamente. La pluralidad, hoy brillando por su ausencia en la Argentina, puede ser vigorizada al concientizar el peligro en la sociedad y movilizarse en oposición a mayores transferencias de poder al ejecutivo montonero. En elecciones, premiar a candidatos que abrasen la cultura de la libertad, en vez del estatismo y la dependencia, y utilizar el espacio que queda para reclamar la soberanía popular perdida. La sitiada marxista ha estado en pie. Hoy están en el poder, pero todavía no han monopolizado todos los sectores de la sociedad argentina. La lucha sigue y se puede ganar. El dogma socialista no frena su avance, aun ante la pared empírica que evidencia su práctica demencial. Quiera Dios que Argentina se salve de tan malvado experimento.

Desaparecidos y tácticas de guerra

El tema de los "desaparecidos" ha resultado una genial componenda con una instrumentación muy bien elaborada para facilitar el camino al poder. En el léxico político, el acto de "desaparecer" a alguien consiste en la detención y ejecución, sin juicios y extraoficialmente, de un opositor real o imaginario. De este fenómeno, Argentina es un caso paradigmático.

Incuestionablemente, hubo desapariciones en Argentina. Por supuesto que no los números bombásticos e hiperinflados ofrecidos. Cifras serias varían entre 4,000 y 7,706. Tarea complicada por la constante "reaparición" de personas consideradas "desaparecidas" y que, sin embargo, estaban viviendo y activos en Europa, América Latina y en los ex–países socialistas. Indemnizaciones posteriores a familiares, aseguran que los números nunca lograrán proporciones reales. La práctica sistemática de detener y ajusticiar combatientes sin revisión jurídica, se llevó a cabo por gobiernos argentinos, democráticos y no-democráticos, durante la década del 70. Esta actividad se recrudeció con la intervención castrense de 1976, la que duró hasta 1979.

Argentina llevaba ya, desde 1955, una lucha para impedir la usurpación del poder por movimientos marxistas armados. Esta fuerza insurreccional, durante la mayor parte de los años 60, operó como guerrillas rurales. Al contener exitosamente las fuerzas públicas el avance comunista, los insurgentes llevaron la guerra a las ciudades. Ahí comenzó la intensificación de la contienda y la conversión de la misma, por sus síntomas, en una guerra civil.

Entre 1969 y 1979 los insurrectos comunistas cometieron 21,642 actos terroristas. Reducidos, por fusión o sobrevivencia, a dos grupos principales: el Ejército Revolucionario del Pueblo (ERP) y los Montoneros, se convirtieron en formidables guerrillas urbanas sin renunciar a la campaña rural. En ese momento fueron la fuerza subversiva más potente en el continente. La premisa marxista insta, doctrinalmente, a asistir violentamente a la "lucha de clases", facilitando el exterminio de toda clase no-proletaria (léase no-marxista). Los revolucionarios argentinos resultaron adeptos magistrales, ya que los asesinatos, secuestros, atentados dinamiteros y robos fueron desplegados indiscriminadamente contra sindicalistas, políticos, empresarios, gremialistas, obreros, ejecutivos, académicos, periodistas, religiosos, en adición a policías, soldados y oficiales, sus instituciones y cualquier familiar que estuviera cerca en el momento del crimen.

Las autoridades públicas argentinas, empleando el mecanismo de capturar y matar extraoficialmente a los apresados de las fuerzas subversivas, pusieron fin a la guerra. La contraofensiva lanzada por el gobierno y el régimen militar en particular, neutralizó la búsqueda del poder de los marxistas por a vía armada. Sus integrantes y simpatizantes desertaron de este camino y buscaron rutas alternas hacia el poder.

El nuevo campo de batalla fue la opinión pública internacional. Nada más fácil que victimizar al que perdió la guerra. No importa si fueron los que la empezaron. La intensa campaña de victimización necesitaba de "víctimas" y "villanos". Los que escaparon al exterior gracias al comunismo internacional y sus cómplices de la izquierda, coreografiaron espectacularmente la embestida psicológica.

Como metodología, sería obligado descontextualizar la historia. De esa forma habría un claro "villano". Extirparon, del largo proceso de lucha antisubversiva, el periodo después del golpe militar de 1976, ignorando 21 años previos de constante enfrentamiento bélico contra las fuerzas antisistema. Así se desarrolló el trauma de los "desaparecidos". El descarado arte de descontextualizar, de hacer un paréntesis de solamente un tramo de historia y pretender que no tiene vínculos orgánicos, de hacer creer que toda la violencia surgió a partir del golpe castrense y que ellos "respondían" a dicho acto, fue posible solo por la desinformación, la aptitud hacia la ignorancia y el acondicionamiento ideológico. El efecto no se puede separar nunca de la causa.

Enjuiciar moralmente la práctica de "desaparecer" es un tema sano para una sociedad pluralista, siempre y cuando no se desligue del contexto en que se vivió. Si las autoridades (incluyendo el régimen militar de 1976) utilizaron métodos no- convencionales para ganar la guerra, la realidad es que no fueron ellos los que los iniciaron. Las fuerzas comunistas, particularmente cuando enfocaron su guerra en las ciudades, operaban totalmente de modo no-convencional. Las normas establecidas de guerra, como la de vestir uniformes, atacar únicamente a uniformados y a lugares alejados de la ciudadanía no-castrense, tenía el propósito de evitar bajas civiles e inocentes.

Las fuerzas subversivas, al elegir librar su guerra de modo no- convencional: escudándose bajo la ciudadanía civil, rehusando vestir uniformes y no operando desde territorios claramente marcados como zonas de guerra, prescribieron su futuro. Si es condenable detener y matar a un combatiente enemigo, tan condenable es llevar a cabo una guerra poniendo en riesgo la vida de personas inocentes y no interesadas en la "lucha de clases" u otras diatribas doctrínales que dan licencia para el asesinato. Las fuerzas marxistas ejercieron una criminal irresponsabilidad en el pleno de la sociedad desarmada al combatir el orden establecido, violentamente, convirtiendo cada calle en un campo de batalla.

La cuestión de que si todos los desaparecidos eran o no subversivos es otro punto válido para polemizar. En toda guerra hay bajas inocentes. Igual, ninguna guerra está eximida de excesos. Eso incluye a todos los que combaten de ambos lados. El jerarca montonero Mario Firmenich, sin embargo, hizo notorio su insistencia en que la mayor parte de los "desaparecidos" fueron "militantes", que "con conciencia, con pasión" desarrollaron sus acciones y no inocentes desligados del proceso conspirativo. Aparte, es una cobardía cambiarles a sus caídos el título de combatientes por el de víctimas inocentes.

¿Pudieron los militares de 1976 haber ejercido más prudencia al confrontar a los terroristas, ya que representaban al estado argentino? ¿Hubiera parado la ofensiva comunista una simple acción policial, sin intervención pretoriana? Ahora es improbable, si se busca ser justo con precisión, hacer un análisis con hechos descontextualizados, alejados del sangriento proceso que aspiraba al total derrocamiento del sistema social operante desde que se fundó la nación, contra un enemigo cuyos soldados se camuflaban de civil, financiado con un impresionante botín autóctono (más de $70 millones en aquel momento), más al respaldo económico y militar de Cuba comunista y la extinta URSS en plena Guerra Fría.

Lo cierto es que sobre los hombros de las autoridades argentinas de aquella época estaba la probabilidad, o no, de que los terroristas, empleando una guerra no-convencional, tomarán el poder. Tal vez la derogación de instrumentos democráticos, como la Cámara Federal de Penal, que juzgó y condenó a más de 2,000 subversivos, y la posterior amnistía que los liberó en pleno contienda bélica de 1973, influyó en la decisión. La inefectividad de los gobiernos Cámpora y los Perones (1973-1976) y el hecho de que ni un solo terrorista en ese sangriento periodo de la guerra (52% de los actos terroristas fueron cometidos en esos años) fuera condenado, pudo haber sido persuasivo. Solo se podrá especular.

La cuestión más relevante en la temática de los "desaparecidos" es la de hacerle un juicio moral como táctica de guerra. Esto requiere, naturalmente, de la inclusión de la metodología de los subversivos. Sería injusto emitir juicio sobre la práctica de un bando y no del otro. Surge entonces la pregunta clave, ante un reclamo de "victimización", ¿Qué es más (o menos) ético, detener y matar a un combatiente opositor, o asesinar, poniendo una bomba en la cabecera de la cama de un enemigo? El juicio se hace más complicado y obliga a la inclusión de cuáles eran los propósitos que daban justificación a esos actos terribles.

Uno luchaba por la defensa de la continuidad con todas sus imperfecciones, pero perfectibles por vías evolutivas. El otro, obedecía a ideas que requería la destrucción de todo el orden existente, desde lo más elemental, para implantar un sistema esclavizador con un historial pésimo. El mundialmente emblemático escritor argentino del siglo XX, Jorge Luís Borges, dijo "Prefiero la clara espada a la furtiva dinamita". Yo coincido con el maestro.

De indecentes y docentes

Ante la convulsión que atraviesa Argentina en estos días, apoyamos la libertad de expresión. Por eso secundamos la valiente actitud de los gobiernos provinciales de Neuquén y Salta. La protesta cívica, para preservar su valiosa relevancia dentro de una democracia funcional, requiere de la clara demarcación entre lo legítimo y lo delincuencial. Cuando, buscando alzas salariales, los docentes adoptan actitudes gangsteriles bloqueando rutas y carreteras, renuncian al amparo de la legitimidad en cualquier país que presuma de ser un país serio. Claro que en la Argentina de Kirchner, esta disposición popular se ha convertido en el modus operandi de esas masas leales al régimen vigente.

Cuando la justicia se ciega (o es cegada) y adopta una monstruosa y delictiva tolerancia que, con prejuicios ideológicos, criminaliza la opinión disidente y estimula descaradamente la criminal disposición de esa parte de la ciudadanía aliada a su política, la libertad es sitiada. En ese momento, un "derecho" se convierte en la licencia oficial para transgredir. Pienso que la despiadada violencia que ejercen estos grupos antisistemas, debe traerles un déjà vu a muchos de los que componen el gabinete de Kirchner. Añoranzas, tal vez, de un pasado "revolucionario" y simpatía, sin duda, de esa industria de "protestantes sociales" profesionales.

La muerte del docente en Neuquén es de lamentar. Las autoridades provinciales deben de conducir las investigaciones pertinentes. Pero los responsables del suceso son, en primer lugar, los que legitimaron la irresponsable e ilegal conducta que el fallecido maestro estaba ejerciendo, es decir, su sindicato. ¿Son docentes o agitadores políticos? En segundo lugar, si ciertos individuos deciden excederse en la aplicación de la ley, condenable como esto es, la culpa reposará sobre los hombros de un sistema incapaz de mantener el orden y del liderazgo central que tolera, facilita su movilización, costea sus operaciones y estimula esta "manera" de protestar.

No es una coincidencia que los gobernadores de Neuquén y Salta no estén en la lista de los sumisos al régimen kirchnerista. Podríamos decir que, extraoficialmente, hace tiempo que cayeron en "desgracia". Lo que sí es seguro, es que mientras se le llame "protesta social" a actos facinerosos, la libertad (lo que queda de ella) continuará su tortuoso y selectivo racionamiento. Los gobernadores de Neuquén y Salta hoy luchan por los derechos de los argentinos a vivir en paz y con seguridad. Todos. No solamente los que apoyan al gobierno central y gritan más, sino todos.

53

América Latina bajo el asedio socialista

solamente los que apoyan al gobierno central y gritan más, sino todos.

53

CAPÍTULO 2 VENEZUELA

Crisis en Venezuela: ladrido no tumba tiranías

Las democracias del continente americano han perdido una oportunidad dorada de desahuciar al régimen castrochavista de Caracas. Los pasos dados por EE. UU., secundado por numerosos gobiernos del mundo, reconociendo a Juan Guaidó como presidente legítimo de Venezuela, anunciaban una era nueva de moralidad comprometida con la libertad. Sin embargo, todo parece indicar que el momento excelso para la liberación de Venezuela, último reducto del neocomunismo en las Américas, ya se esfumó.

¿Qué pasó? Bueno, mejor sería referirse a qué no pasó. El viejo y sabio refrán de que "guerra anunciada no mata soldados" quedó no sólo violentado sino burlado al implementarse un curso de despliegue de batallones verbales cargados de municiones imaginarias que la historia ha demostrado nutre la voluntad de déspotas para ser estos más audaces. Lo cierto es que, comparado con las campañas de liberación exitosas del pasado, el plan que reflejaba el pizarrón de las democracias continentales para sacar al dictador Maduro estaba lleno de incongruencias.

La idea de enfocar a la crisis venezolana como un asunto humanitario y no como una cuestión política fue el primer error. Antepusieron el efecto en vez de la causa. La noción de un acto de entretenimiento, un concierto de buena música, pero de muy mal gusto, sobre todo cuando se toma en cuenta la sangre que se ha estado derramando en Venezuela. Peor aún si añadimos que el organizador del evento ha demostrado ser un admirador y amigo de la familia de Castro. Priorizar lo humanitario sobre lo criminal, el narcoterrorismo y la desintegración de los estándares elementales de la decencia cívica fue una maniobra miope.

La toxicidad de los líderes demócratas latinoamericanos con la noción de la "no violencia" como método para liberar a países de dictaduras bajo la órbita de un régimen de dominación total, parece, más que una estupidez, síntoma de complicidad. Otro disparate que ha caracterizado esta corriente derrotista y apaciguadora del liderazgo político democrático continental es la postura de que esto se debe y puede resolver estrictamente entre venezolanos.

La "Declaración sobre Venezuela" emitida recientemente por el Grupo de Lima ha sido manejar los dos criterios, ambos desatinados: el rechazo al uso de la fuerza y una solución obtenida exclusivamente por los venezolanos. Parecería, en el caso de Venezuela, que éstos creen que los castristas cubanos, los iraníes, los rusos, los chinos, los norcoreanos, los colombianos de las FARC, el ELN y los mexicanos de los carteles de la droga son una especie particular de "venezolanos".

¿No se acordarán éstos del contenido de los libros de la historia y cómo sus países se independizaron o cómo se liberaron de dictaduras? ¿Qué les hace pensar que el humano ha mejorado tanto que puede prescindir del uso de la violencia mientras el liberticida que se mantiene en el poder, precisamente, lo hace por el uso monopolístico de la violencia? ¿No se acuerden de cómo gracias a Napoleón Bonaparte y una potencia extranjera, medio continente se independizó de España? ¿Sabrán que la ayuda de los franceses fue crucial para la obtención de la libertad de los estadounidenses de los británicos? ¡Qué decir de la segunda Guerra Mundial! Etcétera.

Es hora de que los EE. UU. y el resto de las democracias americanas se vistan para la ocasión y dejen de hacer papelazos que solo sirven para elevar falsamente las expectativas de tanta gente. Los venezolanos parecen haberse sumado a la lista que incluye a los chinos, los vietnamitas, los kurdos, los sirios y los cubanos (entre otros), que contaron con propuestas de apoyo bélico y luego, el embarque. Quiera Dios que llegue el momento en que la solidaridad continental democrática sea algo más que recitaciones de documentos, acuerdos, pactos y cartas que en, en la práctica, son mera letra muerta.

Revoluciones cantinflescas y el águila del norte

Cuando procesos históricos empiezan a adquirir una semblanza con parodias es tiempo para una reflexión seria. Cuando hablamos de intentos de promover revoluciones de liberación que contienen un costo de vidas, de oportunidades perdidas y terminan en quimeras, es tiempo entonces para una rectificación magnánima de la fórmula de acción. Venezuela y los sucesos en curso son un caso en punto. Uno pensaría que la brecha corta de las 47 horas de libertad que vivió la patria de Bolívar el 11 de abril de 2002, y que se frustró con la reinserción despótica del castrochavismo, hubiera servido de lección. Parece que el germen del error no se ha logrado desenraizar.

¿Dónde radica la culpa integral para explicar el fiasco de Operación Libertad? Hasta el momento, la verdad es compleja y parece estar aún escondida en el misterio de la lectura que se le dé. Basta, sin embargo, con citar una serie de insensateces que han surgido a la superficie de lo ocurrido y que son inadmisibles en los anales de derrotar a un enemigo despiadado y liberar un país. Empecemos con los estadounidenses. La información o desinformación diseminada públicamente por algunos altos oficiales de la administración Trump, explicando los hechos transcurridos, parece pertenecer a la pantalla del cine y de una mala película. Aquí algunos ejemplos.

El ministro de Estado norteamericano, Mike Pompeo, dijo que el dictador Maduro iba a abordar un avión para dejar el poder, pero fue convencido por los rusos (luego incluyeron a los castristas) de que debía quedarse. Elliott Abrams, el asesor especial encargado de Venezuela, aludió de que los EE. UU. estuvo en contacto con altos oficiales de la dictadura venezolana y que estos, en los momentos precisos de la acción, dejaron de atender sus móviles. Los otros días en Miami, el Asesor de Seguridad Nacional, John Bolton, ofreció lo que parecía ser la racionalización primaria para explicar las acciones económicas y legales (tentativas) tomadas por la administración norteamericana contra la dictadura cubana. La injerencia castrista en Venezuela y Nicaragua fueron señaladas como la razón principal para apretar a La Habana. Esto es un poco desconcertante, ya que las razones para querer ver el fin del comunismo en Cuba preceden, por un buen trecho, la llegada al poder de Hugo Chávez en Venezuela.

La oposición organizada venezolana, no la masa popular y espontánea sino la élite dirigente (con raras excepciones), tiene gran responsabilidad por el fiasco. La brújula para indicar dónde está el problema y de qué está constituido parece haberse perdido (si es que la tuvieron en algún momento). Referencias constantes de adhesión y respeto a "nuestra constitución" es un fenómeno perplejo y preocupante. La constitución chavista es el instrumento de la legalidad dictatorial. Si en ella creen y la reconocen como válida, sería lógico concluir que, o se consideran parte de la maquinaria estructural o piensan que lo que hay en Venezuela no es una dictadura. No se puede defender e insistir en regir un movimiento de liberación por la carta magna de una tiranía, llamarlos tiranos y pretender ser moralmente coherente. Sin una visión clara del objetivo no se llega a ninguna parte. ¿Abolir el sistema?, o ¿con quitar a Maduro basta?

Barrabasadas han abundado. Aquí algunos ejemplos. El presidente interino Juan Guaidó va a la base militar de La Carlota e insiste que la gesta es y será no-violenta. Este es un incentivo pésimo para estimular a oficiales a que se alcen con el arma del pacifismo, mientras los adversarios poseen equipos bélicos pesados y están dispuestos a usarlos. Mahatma Gandhi se enfrentó a una democracia. Los comunistas cubanos y venezolanos no le van a exhibir a Guaidó la misma cortesía que los británicos le extendieron al pacifista indio. Julio Borges, exlíder de la Asamblea Nacional, demostró una miopía política garrafal al aludir que, tras una caída de Maduro, Venezuela podría preservar las relaciones con Rusia y China. Otro ejemplo es, por un lado, la dirigencia de la oposición venezolana pidiéndole al pueblo que salga y se mantenga en la calle, pero a la vez, Leopoldo López, la segunda figura visible en la Operación Libertad, salta de embajada a embajada buscando una cómoda protección en medio de una rebelión.

Lo peor y más descabellado de todos los pronunciamientos y las acciones en este episodio, digno de un guion para Cantinflas o Marty Python, ha sido un pronunciamiento del presidente Donald Trump. Nada menos que la víspera de la implementación total de la Ley Libertad, el presidente estadounidense dijo en una entrevista que podría haber para el castrocomunismo una "nueva apertura" si le retira su apoyo a Maduro. Esta aberración encabeza a todas las otras. Confiemos que esto haya sido un desliz verbal y no uno moral.

Los cubanos estamos agradecidos a la nación de Lincoln por el hospedaje, reconocemos su aporte innegable a la libertad en el mundo y generalmente apoyamos abrumadoramente a Trump, sin embargo, nos sobra la memoria para enumerar traiciones, embarques y malas jugadas que hemos padecido por diferentes administraciones. Aquí algunas de ellas: Kennedy (Bahía de Cochinos y Pacto Kennedy/Kruschev); Johnson (suspensión de operativos de apoyo de la inteligencia secretos); Nixon (Plan Torriente); Ford (acceso castrista a comercio indirecto con EE. UU.); Carter (DD. HH. selectivos); Clinton (Título III, Helms-Burton); Bush II (no aplicar Título III); Obama (relaciones sin condiciones), etc.

La guerra de liberación contra el comunismo en nuestro continente seguirá mientras exista la voluntad de resistir y perseverar, y verá mejores días, con el favor de Dios. Vendría muy bien si, antes de aplicar la receta, se entiende bien al enemigo y su naturaleza. Eso ahorraría depósitos de esperanza, fortalecería la credibilidad de los luchadores, incrementaría las filas de estos y salvaría vidas a la larga. Mucho se podrá decir, a favor o en contra, del General Augusto Pinochet. Lo que sí es indiscutible es que supo ejecutar las medidas necesarias para liberar a Chile del comunismo. ¡Ojalá que los demócratas del mundo tomen nota!

CAPÍTULO 3 MÉXICO

La unción socialista de AMLO

El pasado jueves 16 de septiembre se cumplió el 211 aniversario de la declaración de independencia de México. Se preparó un desfile cívico-militar multitudinario para la ocasión. El evento, sin embargo, estuvo dedicado al socialismo a solicitud de Andrés Manuel López Obrador (AMLO). No se honró a México sino al comunismo cubano. Se trató de una fiesta religiosa pagana y política, donde el centro de mando del imperialismo socialista continental, La Habana, ungió oficialmente a AMLO. Fue una afrenta a México y al mundo libre.

El dictador cubano, Miguel Díaz-Canel, fue el invitado de honor. AMLO siguió meticulosamente el guion que el gobierno marxista-leninista le dio. Denigrándose totalmente a sí mismo, el jefe de Estado mexicano hizo declaraciones vergonzosas y bizarras durante todo el día. Cuba comunista fue catalogada, por él, como una "nueva Numancia" (un asentamiento celtíbero en la actual España que combatió a la antigua Roma). AMLO añadió: "Creo que debería ser declarada Patrimonio de la Humanidad por la misma razón". El principal objetivo de supervivencia del régimen castrista, que Estados Unidos ponga fin al embargo, era una tarea previsible que el presidente de México asumiría por la dictadura castrocomunista.

Funcionando como un lacayo habitual, AMLO dirigió el mensaje del régimen castrista tanto al gobierno americano como a la comunidad cubana en el exilio. La comunicación para la administración Biden-Harris era predecible: "levanten el bloqueo (un término equivocado: en realidad es un embargo)". A los cubanos que viven libres en Estados Unidos, el presidente mexicano les pidió que, en efecto, terminaran la lucha por la libertad, que renunciaran a los derechos naturales de sus hermanos en la Isla a vivir libremente y que aceptaran la dictadura comunista como un hecho inmutable.

El castrocomunismo, desde que tomó el poder en 1959, comenzó inmediatamente su guerra para imponer el socialismo en las Américas. Durante treinta años, la Unión Soviética pagó la factura y Cuba fue el agente material de la subversión. Desde el colapso de la URSS, el dictador Fidel Castro ideó el Foro de Sao Paulo (FSP) en 1990 para continuar el asedio marxista-leninista, pero con una metodología reformulada, ya que las subvenciones soviéticas se habían agotado. Venezuela fue el primer país en adoptar este nuevo prototipo dictatorial. Con La Habana dando las órdenes y el régimen títere de Chávez drenando la riqueza de Venezuela para financiar esta guerra, el socialismo avanzó más en los treinta años siguientes a la estrategia de reconfiguración comunista del PSF, que en el mismo lapso de tiempo anterior.

Cuba comunista está ansiosa por darle a AMLO un mayor papel en esta campaña hegemónica socialista. El presidente mexicano es natural para este trabajo por muchas razones. Como verdadero creyente en el socialismo, este ideólogo, que ha pasado del Partido Revolucionario Institucional (PRI) al Partido de la Revolución Democrática (PRD) y finalmente, en 2018, al Movimiento de Regeneración Nacional (Morena) siempre ha contado con el apoyo de La Habana y es un radical de confianza. Algunos en los círculos de inteligencia, han sugerido que la fundación de Morena por parte de AMLO fue elaborada con el asesoramiento del régimen cubano. Hay muchas razones por las que el presidente mexicano es muy venerado por el castrismo.

La aquiescencia tácita que tiene AMLO con los cárteles de la droga de su país, dada la importancia de los fondos del narcotráfico para promover y sostener el socialismo continental, es una clara ventaja. México tiene la segunda economía más grande de América Latina (después de Brasil), donde Estados Unidos es su mayor socio comercial. La enorme frontera que comparte con USA y su función de guardia fronteriza de facto para Washington, le da a México una gran ventaja. El castrocomunismo conoce muy bien todo esto y siente que ha llegado el momento de hacer un mayor uso de AMLO.

La Comunidad de Estados Latinoamericanos y Caribeños (CELAC) es otro invento del FSP castrista, que Hugo Chávez dio a conocer en 2010. Su propósito es demeritar la Organización de Estados Americanos y desafiar la influencia de Estados Unidos en la región. La reunión reciente de la CELAC, su sexta cumbre, fue alojada por AMLO en México el sábado 18 de septiembre y a ella asistieron más de una docena de presidentes y primeros ministros. "Debemos construir en el continente americano", dijo el presidente mexicano, "algo parecido a lo que fue la comunidad económica que fue el inicio de la actual Unión Europea". AMLO hablando por el izquierdismo, no tiene intención de abrir espacios democráticos. Al contrario.

El proyecto continental socialista no pretende limitar el activismo político a los actores latinoamericanos. Esta VI

Cumbre de la CELAC dio pruebas de con quién quiere asociarse la izquierda. A petición de AMLO, el dictador chino, Xi Jinping, por vía de un video se dirigió a la misma. El tirano de China dijo que "las relaciones entre China y América Latina han entrado en una nueva era con igualdad, beneficio mutuo, innovación, apertura y beneficios tangibles para los pueblos".

A pesar de los pronunciamientos valientes contra los regímenes comunistas de Cuba, Venezuela y Nicaragua de los presidentes de Uruguay y Paraguay, Luis Lacalle Pou y Mario Abdo Benítez, respectivamente, la CELAC es estructural y moralmente irreformable. Todos los líderes democráticos deberían seguir el ejemplo del presidente de Brasil, Jair Bolsonaro, que retiró a su país de la organización alegando, muy acertadamente, su sesgo hacia las dictaduras de izquierda. Durante la cumbre, Nicolás Maduro pidió que se erigiera una sede permanente de la CELAC en México. El dictador venezolano sabe de la intención de La Habana de hacer de AMLO una figura más destacada en esta embestida hemisférica socialista.

Los festejos del 211º Día de la Independencia de México y la VI Cumbre de la CELAC, sirvieron para elevar a AMLO dentro de las filas socialistas. Por ello, Cuba comunista, el gran maestro de la subversión marxista-leninista en el hemisferio occidental, fue el invitado de honor privilegiado. Irónicamente, ese mismo jueves 16 de septiembre, el Parlamento Europeo votó abrumadoramente para condenar al régimen castrista por su conducta crasa tras el levantamiento cubano del 11 de julio. Además, el organismo político de la UE sancionó a individuos e instituciones responsables de los atroces actos, bajo la "Ley Magnitsky". Esta fue una derrota brutal para el comunismo cubano y sus apologistas como AMLO. Ahora es obvio que México está claramente en el plan de la ofensiva socialista del régimen castrista. No se puede contar con Biden-Harris para nada que tenga que ver con el combate al socialismo. La Habana, Pekín y Teherán también lo saben.

CAPÍTULO 4 BOLIVIA

Hacia un modelo de rescate democrático: lecciones de Bolivia

Quitando a los comunistas y a sus asociados, la liberación de Bolivia ha dado mucha razón para celebrar. No solo por la felicidad de ver cómo los ciudadanos de esta tierra anómala sin, salida al mar, se enfrentaron a una de las tiranías del socialismo continental y ganaron, sino que impidieron que el castrocomunismo haya podido rescatar a uno de sus satélites. Así son los destinos. Bolivia, no podemos olvidar, tiene el privilegio histórico de ser el lugar dónde se ajustició al asesino Che Guevara.

Los pasos más relevantes de seguir para asegurar que la libertad alcanzada en el país andino no sea revertida es establecer el orden, previniendo que fuerzas subversivas leales al dictador Morales intenten desestabilizar el proceso liberador, desmontar todas las instituciones dictatoriales y aplicar la justicia con transparencia, finalidad y de forma integral. En Bolivia no gobernaba un tirano autóctono o independiente, sino un sistema: el comunismo internacional, dirigido desde La Habana, reformulado desde 1990 tras la caída de la URSS con el Foro de Sao Paulo, conteniendo este un modelo dictatorial metodológico nuevo (modelo FSP). El régimen criminal de Morales fue un resultado de ese prototipo.

Cuando hablamos del modelo FSP como esquema práctico, nos referimos a un paradigma que está compuesto por un Estado leninista guiado desde Cuba comunista, un apego ideológico pragmático al comunismo/socialismo y una economía híbrida mercantilista que incluye como parte de su programación estratégica: (1) la adulteración de la Constitución, "reformándola" con una constituyente dictatorial; (2) tener votaciones, controlando al cuerpo electoral responsable por el conteo de los votos; (3) una oposición leal y apaciguadora; (4) destruir o cooptar las FF. AA.; (5) neutralizar la rama judicial; (6) libertad de prensa selectiva/limitada; (7) absorber la clase empresarial; (8) intentar penetrar la religión organizada y (9) desarrollar un simulacro de una sociedad civil con organizaciones de pantalla oficialistas.

Todo este mecanismo estructural nuevo de promover el comunismo en el siglo XXI se ha beneficiado del marco intelectual actual, el postmodernismo, ese proyecto del marxismo cultural que presenta diversos frentes que incluyen: la ecología política, la ideología de género, el multiculturalismo, el feminismo radical, la inmigración en masa, el desarme ciudadano, etc.

El modelo FSP ha logrado controlar el poder político en Venezuela (chavismo 1998), Brasil (Lula-Dilma 2002, 2010), Argentina (kirchnerismo 2003, 2019), Uruguay (Frente Amplio 2004, 2009), República Dominicana (PLD/PRD 1996, 2004, 2008), Bolivia (Morales 2005), Chile (Bachelet 2006, 2014), Ecuador (Correa 2006), Nicaragua (sandinismo 2006), Honduras (Zelaya 2006), Paraguay (Lugo 2008), El Salvador (FMLN 2009, 2014), Panamá (PRD 2009, 2019), Perú (Humala 2011) y México (AMLO 2018). Ha habido también numerosos movimientos/partidos subversivos intentando alcanzar el poder en todo el continente con adhesión a este bloque marxista, entre los que se destaca las FARC y el ELN de Colombia.

No todos, sin embargo, han sido exitosos en implementar dicho prototipo neomarxista a plenitud. ¿Por qué se ha logrado implementar el modelo dictatorial del FSP exitosamente en algunos países dónde han gobernado y no en otros? La respuesta está en la condición de las variables más seminales del paradigma. En Venezuela, Nicaragua, Ecuador (hasta llegar Moreno) y Bolivia (hasta hace poco) se ha llevado a cabo con éxito el patrón político. En Honduras y Paraguay fueron removidos los dictadores precoces institucionalmente: uno por las fuerzas públicas y el otro por un juicio de destitución. En Brasil, cuna simbólica del modelo FSP donde Lula da Silva y el PT sirvieron de bastión logístico para el invento del tirano Fidel Castro, no lograron consolidar el modelo despótico comunista postsoviético. ¿Por qué?

En el caso airoso de Brasil, el de Bolivia recientemente, dónde sí se llegó a establecer una base del castrocomunismo sin mucha dificultad, y los ejemplos de Venezuela y Nicaragua, casos lamentables cuyas gestas heroicas de liberación han fracasado, nos resalta la respuesta. De las nueve variables del modelo FSP mencionadas previamente, las más determinantes para la inserción y preservación del prototipo castrocomunista del siglo XXI es la cooptación de las FF. AA. y la formulación de una oposición/disidencia manipulable y atenta a seguir los dictámenes del principio leninista de la coexistencia pacífica, que siempre invoca el "diálogo" como mecanismo de supervivencia dictatorial. Miremos los hechos.

En Venezuela y Nicaragua hubo manifestaciones multitudinarias, por tiempo extendido, a través de cada país respectivamente. Paralizando las naciones de Bolívar y Darío. En ambos casos, las FF. AA. se mantuvieron plegadas a las tiranías, agredieron a la población civil y cometieron crímenes de lesa humanidad. En fin, apuntalaron el statu quo tiránico a palo limpio. En ambos ejemplos también, hubo una oposición/disidencia dispuesta siempre a seguir el curso suicida del "diálogo" con el verdugo.

En el caso brasileño, pese a los esfuerzos de Lula da Silva y Dilma Rousseff de penetrar y corromper las FF. AA., nunca lo lograron. La oposición en Brasil fue siempre combativa y jamás pactó nada con el bloque castrocomunista. Un examen de los otros países donde gobernaron las proles del FSP, pero no lograron enraizar su modelo despótico, revela que en la mayoría de los casos las FF. AA. se mantuvieron impenetrables (República Dominicana, Chile, Paraguay, Honduras, El Salvador, Uruguay, Perú).

El valiente pueblo boliviano desafió al dictador Morales y logró desprenderse del imperio castrocomunista. Ante los actos tiránicos del opresor cocalero, la sociedad boliviana ejerció el principio sacrosanto del derecho de rebelión. Ese derecho consistente con los valores democráticos e incorporados a las proclamaciones políticas más dignas les corresponde también a los cuerpos castrenses. Otra cosa: la oposición relevante de Bolivia rechazó cualquier entendimiento con la dictadura.

La democracia no es cuestión de meros procedimientos. Menos aun cuando son fraudulentos. La democracia tiene que ver mucho más con valores como la libertad y todo lo necesario para protegerla. Un "golpe" se realiza cuando se arrasa con los preceptos básicos que sustentan la democracia, no cuando se rescata la patria. El berrinche de los comunistas por la pérdida de una colonia no debe de conmover al mundo libre. Todo lo contrario. Bolivia nos ofrece un modelo de acción para liberar a naciones cautivas.

CAPÍTULO 5 CHILE

Schumpeter y las lecciones de la debacle de Chile

Joseph Schumpeter bien puede ayudarnos a entender mejor la debacle que fue el resultado de las elecciones presidenciales de 2021 en Chile del domingo 19 de diciembre. El candidato de extrema izquierda, Gabriel Boric, ganó fácilmente con el 55.87 % de los votos, derrotando al conservador José Antonio Kast, un firme defensor del libre mercado y la gobernanza republicana. ¿Cómo es posible que el modelo de mayor éxito, argumentalmente, de América Latina a finales del siglo XX y principios del XXI, medido por los indicadores socioeconómicos, se haya decantado por un simpatizante marxista?

El economista y político austriaco (Schumpeter) fue autor de un clásico, Capitalismo, Socialismo y Democracia (1942), en el que sostenía que el socialismo acabaría superando al capitalismo y a la democracia. El razonamiento que ofrecía Schumpeter era que, a medida que la igualdad política ampliara el derecho de voto, la parte no rica de la población, claramente mayoritaria, votaría por el socialismo. Este moravo de nacimiento, más tarde nacionalizado americano, y antiguo profesor de Harvard fue uno de los más influyentes en el campo de la economía. Sin embargo, su obra de 1942 puede resultar el mayor legado de Schumpeter. En esta obra pesimista, su comprensión de la naturaleza humana se pone de manifiesto.

Chile no es un caso aislado. Perú y Honduras son ejemplos recientes en los que candidatos socialistas ganaron la presidencia. Las elecciones previstas para 2022 en Brasil, Colombia y Costa Rica, ponen a estos países al alcance del izquierdismo radical. El fracaso del socialismo es innegable, cuando se juzga por la evidencia empírica y la historia moral. Sin embargo, a pesar de este hecho, ¿cómo se puede explicar el atractivo del socialismo en las urnas?

La derecha, ese *smorgasbord* político compuesto por liberales, libertarios, conservadores, demócratas cristianos y una mezcla enrevesada de todas estas partes diferentes, no ha sido un buen vendedor. La izquierda, en cambio, ha sido formidable para venderse a sí misma. ¿Alguien lo duda? Como sistema, el socialismo, irrefutablemente, ha causado entre 100 y 130 millones de muertes en el siglo XX. Su principal y original modelo económico se ha visto obligado a sufrir grandes revisiones para evitar hambrunas

(China, Vietnam, etc.). Su base epistemológica, el marxismo clásico, ha sido refutada por la historia ya para la Primera Guerra Mundial. El hecho de que este sistema malévolo siga siendo atractivo para gran parte de la población es una prueba de que la izquierda tiene una mayor capacidad de convencimiento.

Sebastián Piñera (Chile), Mauricio Macri (Argentina), Juan Manuel Santos e Iván Duque (Colombia) son ejemplos de RINOS (derecha en nombre solo) latinoamericanos. Estados Unidos tiene su propio grupo de estos políticos que están acreditados logísticamente con el Partido Republicano, pero no moral ni filosóficamente. Piñera le allanó el camino al agitador marxista que ganó la presidencia en Chile, al legitimar la guerra subversiva que la Izquierda Internacional emprendió contra la democracia chilena. Fue su apoyo a los mecanismos institucionales para desmantelar la república, como el referéndum, lo que sentó las bases para que los revolucionarios socialistas profundizaran e insistieran en un derrocamiento sistémico. Piñera entregó Chile a los marxistas hace tiempo. Derrotas similares pueden señalarse en la Argentina de Macri, y en la Colombia de Santos y Duque.

Como los marxistas tomaron la cultura para concentrar su artillería más pesada, las 5 instituciones que Antonio Gramsci identificó como vitales para derrotar a las sociedades libres, la familia, la religión, los medios de comunicación, la educación y la ley, están siendo atacadas, y las 3 últimas, se han convertido en virtuales feudos del izquierdismo. Cuando se añade a esta realidad desafiante, la relativización de la verdad y el conocimiento por parte del postmodernismo, la tarea de proselitismo socialista se ha hecho fácil.

La revuelta cívica a la que se asiste en Estados Unidos por parte de la derecha (liberales, libertarios, conservadores, demócratas cristianos) contra las políticas marxistas y los políticos socialistas es lo que se necesita en América Latina ¡La ideología importa! La libertad, la familia, la libre empresa, Dios, la patria y una clase media vibrante son factores mucho más razonables para el empoderamiento personal y espiritual, así como para la prosperidad material. El pronóstico sombrío de Schumpeter no tiene por qué cumplirse. Esa enorme masa de individuos que puede encajar en ese bloque de la "derecha", debe apelar a las emociones de la gente, no solo a su intelecto. La izquierda debe ser derrotada en su propio juego.

CAPÍTULO 6 COLOMBIA

Gustavo Petro: el candidato del castrocomunismo con disfraz de 'demócrata'

Colombia tendrá pronto elecciones presidenciales. Su estable democracia, a pesar de casi 62 años no consecutivos de violencia política instigada principalmente por grupos subversivos de izquierda (1948-1958, 1964-2016), puede estar enfrentando su mayor amenaza. Gustavo Petro, el favorito en la carrera presidencial de Colombia, es un producto totalmente fabricado por el castrocomunismo. Petro es el candidato manchuriano del socialismo.

El apetito del comunismo en las Américas se remonta a la fundación de la Unión Soviética. En Colombia, la operación marxista más exitosa fue el "Bogotazo". Allí, en la IX Conferencia Panamericana celebrada el 9 de abril de 1948, se produjo el primer intento agresivo del comunismo internacional de asaltar el poder en el país sudamericano. El asesinato del candidato presidencial Jorge Eliécer Gaitán desencadenó disturbios masivos que surgieron de la desinformación ideada por los soviéticos. Entre los presentes en aquel "viernes negro" se encuentran los comunistas cubanos Fidel Castro y Rafael del Pino.

La Cuba comunista se convirtió desde el principio en una plataforma de lanzamiento soviética. Desde 1959, el castrocomunismo inicia una campaña subversiva dirigida a sumergirse en los asuntos de todos los países de América. De especial interés para el régimen castrista fueron Argentina, Colombia y Venezuela. En el caso colombiano, las tres principales organizaciones terroristas marxistas que se formaron con ayuda cubana fueron el Ejército de Liberación Nacional (ELN) (1964), las Fuerzas Armadas Revolucionarias de Colombia (FARC) (1964) y el Movimiento 19 de Abril (M-19) (años 70).

El ELN y el M-19 se formularon estructuralmente en La Habana. Mientras los subsidios soviéticos llegaron a la isla, las revoluciones violentas fueron la norma. La caída de la URSS cambió todo eso. Al no poder financiar ya los costes de las insurgencias comunistas, hubo que reinventar la adquisición del poder político mediante la agresión armada. El régimen marxista de La Habana buscó nuevas vías de poder para América Latina, en el Foro de Sao Paulo (FSP) de 1990.

El tirano cubano Fidel Castro y su protegido, Lula de Silva, idearon un nuevo modelo dictatorial. El prototipo del FSP dictaba que el poder se adquiría haciendo uso de la democracia. La regla era competir en las elecciones, subvertir las instituciones democráticas después de haber ganado, y luego deconstruir las instituciones republicanas. Venezuela, Ecuador, Nicaragua y Bolivia fueron los primeros casos de éxito del modelo del FSP.

El fallecido dictador cubano ejerció una enorme presión y las tres guerrillas comunistas colombianas adoptaron la nueva estrategia socialista postsoviética diseñada en 1990. El M-19 fue el primero en acatar las instrucciones de Castro. Poco a poco, el ELN siguió su ejemplo. Las FARC se mostraron más indecisas. El lucrativo negocio de la droga, junto con las políticas laxas de los presidentes César Gaviria, Ernesto Samper y Andrés Pastrana, contribuyeron sin duda a ello. El ascenso de Álvaro Uribe en 2002 cambió la dinámica. Al hacer la guerra para derrotar a las FARC y pacificar Colombia, Uribe logró lo que buscaba.

Gustavo Petro se unió al M-19 a los 17 años. Entrenado a fondo como terrorista, Petro se puso rápidamente al frente del plan castrista. A petición del tirano cubano, hacia 1990 Petro cambió el uniforme de guerrillero por el disfraz de "demócrata". En 1991, Petro comenzó su ascenso por diferentes ramas y cargos de la política colombiana. Con habilidad, disfrazado de socialdemócrata, sigue siendo un socialista estructurado.

El recorrido del castrismo, para instituir la guerrilla radical marxista en la política colombiana, comenzó oficialmente con una visita de Estado del déspota cubano a Colombia en 1993. Para 2012, con la victoria militar del gobierno colombiano sobre los subversivos de las FARC, el régimen castrista, apoyado por el Vaticano del papa Francisco, y la administración de Obama, inició un esquema de acuerdo de "paz". Cuatro años de negociación buscaron otorgar impunidad de ser juzgado al grupo terrorista colombiano por los crímenes de guerra y de lesa humanidad que venía cometiendo desde 1964. Entendiendo que una nueva administración en Bogotá, bajo el liderazgo de Juan Manuel Santos, tenía más posibilidades de conseguir dicho acuerdo, se puso a prueba en un referéndum popular.

El acuerdo de "paz" orquestado por el comunismo cubano fue rechazado por el pueblo colombiano el 2 de octubre de 2016. A pesar de la voluntad y el principio de soberanía popular, Santos pasó por encima del deseo del pueblo colombiano, "revisó" el acuerdo y maniobró en el Congreso para conseguir su aprobación. El plan del régimen castrista de incorporar a las FARC al panorama político colombiano se logró finalmente.

Petro ha interpretado el papel siguiendo estrictamente el libro de jugadas de la dictadura cubana. El antiguo terrorista del M-19 (Petro) ha logrado disfrazar su candidatura como de "centroizquierda". La existencia de políticos apoyados por las FARC se presta a este engaño. La Habana ha sido el artífice de todos los disturbios que han asolado la presidencia de Duque. Hay una increíble similitud táctica entre la actividad subversiva que prevalece en las ciudades colombianas y chilenas (antes de Boric). El paradigma dictatorial del FSP persigue a Colombia. Petro es el hombre de La Habana en las elecciones presidenciales de 2022.

CAPÍTULO 7 PERÚ

El socialismo pierde y la libertad gana en Perú

La ofensiva dictatorial del Foro de Sao Paulo (FSP), diseñada por Cuba comunista para extender el socialismo por América Latina, sufrió un gran revés el miércoles 7 de diciembre en Perú. El presidente Pedro Castillo intentó dar un golpe de Estado ordenando la disolución del Congreso, iniciando la instauración de un gobierno de "emergencia", ordenó un toque de queda nacional y llamó a reformar la constitución democrática del país. En su lugar, como era de esperar, sería sustituida por el legalismo socialista. Las fuerzas de la libertad salvaron el día para Perú y potencialmente para las Américas.

El Congreso peruano actuó con rapidez después de que Castillo quisiera eludir una incipiente moción del Congreso que pretendía desplazarle constitucionalmente de la presidencia. Por una clara mayoría de 101 votos a favor y 29 en contra, el órgano legislativo revirtió la toma de poder al estilo bolchevique del expresidente marxista. Además, el error cometido por las autoridades bolivianas durante su proceso de liberación en 2019, no se repitió en Perú.

Castillo fue arrestado rápidamente y ahora enfrenta cargos criminales bajo el Título XVI del Código Penal Peruano en el Capítulo 1 y el Artículo 346. Actuando con inteligencia y determinación cívica, la fuerza pública legítima del Perú cerró el paso a las embajadas de regímenes socialistas dictatoriales como el boliviano. La urgencia con la que actuó el Congreso peruano, y las medidas complementarias tomadas para salvaguardar la democracia, deberían servir de modelo para desafiar el modelo dictatorial del SPF.

El colombiano Gustavo Petro, el brasileño Lula da Silva, el chileno Gabriel Boric, el mexicano Manuel López Obrador y los argentinos Alberto y Cristina Fernández, sin duda, deben estar en estado de shock. Después de todo, el libro de jugadas del PSF consistiendo en ganar las elecciones, proceder a desmantelar (o intentarlo) las instituciones democráticas, destruir la separación de poderes, acabar con la Constitución y tolerar una oposición estéril, fue lo que les proporcionó el camino al poder. Venezuela, Nicaragua, Bolivia y Cuba, el planificador maestro, potencialmente, podrían perder impulso y seguir sufriendo retrocesos.

Este es el momento de que Estados Unidos construya una coalición de democracias occidentales e insista en que se respete el Estado de derecho. Esto significa que Castillo y sus cómplices rindan cuentas. Además, los cuerpos diplomáticos (bases de operaciones de inteligencia) de los regímenes no democráticos de América Latina, Rusia y China que han apoyado a los instigadores del golpe deben ser cuidadosamente vigilados. No es momento para debates sin principios, que seguramente el régimen castrocomunista impulsará para ganar tiempo en su intento de salvar el proyecto del FSP en esta nación andina. Perú es hoy una inspiración de libertad. Su acción audaz debe ser emulada.

CAPÍTULO 8 INJERENCIA, CUMBRES Y DEMOCRACIA

¿Está Rusia planeando un frente de guerra en América Latina?

La concepción del internacionalismo doctrinal de la Unión Soviética dividía el mundo en esferas regionales de influencia, pero con una salvedad. El adagio popular del principio de la Doctrina Brezhnev "lo que es mío es mío y lo que es tuyo está en juego", fue la piedra angular de la política exterior soviética. El régimen autoritario postsoviético de Vladimir Putin lo ha mantenido.

El flagrante desprecio de Rusia por la soberanía ucraniana y el orden civilizado de las relaciones políticas es una prueba de ello. Las recientes declaraciones de altos mandos militares estadounidenses y de funcionarios del Departamento de Estado han lanzado duras advertencias de seguridad. ¿Podría Rusia estar tramando un frente de guerra similar al de Ucrania en América Latina?

Durante una audiencia de la Comisión de Asuntos Exteriores del Senado el jueves 31 de marzo, la subsecretaria adjunta de Diplomacia Pública, Política, Planificación y Coordinación, Kerri Hannan, testificó sobre la amenaza de Rusia en el hemisferio occidental. "El compromiso con la democracia en el hemisferio nunca ha parecido tan urgente", declaró Hannan y añadió que "mientras Rusia pisotea la democracia de Ucrania y amenaza con exportar la crisis ucraniana a las Américas, ampliando su cooperación militar con Cuba, Nicaragua y Venezuela". El senador republicano Marco Rubio coincidió con el funcionario del Departamento de Estado y dijo que "Rusia es un problema agudo, y es un desafío actual".

La declaración testimonial de Hannan no es una valoración aislada. La general Laura J. Richardson, comandante del Mando Sur de Estados Unidos, planteó el 8 de marzo preocupaciones similares sobre la connivencia rusa con las dictaduras socialistas latinoamericanas. Ante los miembros del Comité de Servicios Armados de la Cámara de Representantes, Richardson dijo que "las amenazas en Sudamérica incluyen la organización criminal transnacional, así como la intromisión tanto de China como de Rusia". El general de cuatro estrellas destacó ante el Congreso que "Rusia, una amenaza más inmediata, está aumentando sus compromisos en el hemisferio".

Yury Borisov, viceprimer ministro del Kremlin dijo en enero que no podía "afirmar ni excluir" si Rusia enviaría activos militares a Cuba o Venezuela. Cabe señalar que días antes de la invasión rusa de Ucrania, Borisov visitó Cuba, Venezuela y Nicaragua. El dictador Putin ha desarrollado una estrecha relación con la troika tiránica de Miguel Díaz-Canel, Nicolás Maduro y Daniel Ortega. Las agencias de noticias estatales rusas no han ocultado esta alianza. El ministro de Asuntos Exteriores ruso, Serguéi Lavrov, dijo en un discurso ante la Duma Estatal (el parlamento figurado de Rusia) en enero que "los tres países amigos acordaron considerar formas de profundizar aún más nuestra asociación estratégica en todos y cada uno de los campos".

El principal diplomático del régimen de Putin se limitó a afirmar un hecho evidente. Salvo un paréntesis de 8 años (1991-1999), Rusia ha mantenido un estrecho vínculo con el socialismo latinoamericano. El ex oficial de la KGB, sin duda, renovó el modelo postotalitario del que es producto. Mezcla de una economía de amiguetes y de capitalismo de Estado, el putinismo comparte muchas características clave con el prototipo dictatorial del Foro de Sao Paulo, ese esquema urdido por el difunto tirano cubano Fidel Castro como reacción a la caída del comunismo soviético.

La Unión Soviética invirtió mucho en la promoción del comunismo en las Américas. La disposición de Putin a perdonar 53,000 millones de dólares de la deuda rusa contraída por la dictadura castrocomunista, refleja el entendimiento de una relación de pareja. El activismo ruso en América Latina, siguiendo los pasos de la URSS, se canaliza a través de la Cuba castrista. La base de espionaje satelital rusa en las afueras de Managua, la amplia transferencia de material militar a Venezuela y la experimentación de espionaje que, muy probablemente, dio lugar al Síndrome de La Habana en Cuba, son anteriores a la invasión de Ucrania.

Mientras que Putin puede estar buscando asustar a la nación americana. La amenaza de llevar la guerra ruso-ucraniana al patio trasero de Estados Unidos, podría arrojar, sin embargo, consecuencias sorprendentes para su régimen, así como para Cuba, Venezuela y Nicaragua. Los pueblos de esas tres naciones cautivas podrían emular a los ucranianos. Una revuelta es una posibilidad. Si el dictador ruso arma y utiliza el territorio cubano, venezolano y nicaragüense, estos serían considerados aliados de guerra cómplices, como Bielorrusia.

Tal escenario llevaría a Occidente a ampliar las sanciones contra los tres regímenes socialistas. Dada la mezcla de geografía y seguridad nacional, Estados Unidos y la OTAN probablemente enviarían buques de guerra al Golfo de México, al Estrecho de Florida y al mar Caribe. Putin ha demostrado ser un torpe estratega de la guerra. Las dictaduras cubana, venezolana y nicaragüense están probablemente más preocupadas que Washington y Bruselas por las diatribas del Kremlin. Ucrania puede ser la clave de la libertad en América Latina.

Biden debe mantenerse firme en la Cumbre de las Américas y no ceder ante dictaduras

El dilema general para Biden es si aplacará a la izquierda e invitará a estos notorios violadores de los derechos humanos, o si Estados Unidos defenderá firmemente los principios declarados que vinculan la cordialidad hemisférica basada en la práctica de modos de gobierno consensuados y sociedades libres.

El subsecretario de Estado de Estados Unidos, Brian A. Nichols, declaró durante un programa de televisión el 2 de mayo que "Cuba, Nicaragua, [y] el régimen de Maduro no respetan la Carta Democrática Interamericana, y, por lo tanto, no espero su presencia". Al ser cuestionado sobre el caso específico de Cuba, donde durante la Cumbre de 2015 el dictador cubano, Raúl Castro, fue invitado, Nichols comentó que, aunque en última instancia será una prerrogativa de Biden, cree que "el presidente ha sido muy claro sobre la presencia de países que por sus acciones no respetan la democracia: no recibirán invitaciones".

Jen Psaki cuestionó el 10 de mayo la firmeza de la declaración de Nichols. Durante una sesión informativa en la Casa Blanca, la secretaria de Prensa del presidente dijo que "no se han cursado invitaciones en este momento". Lo que el representante de los medios de comunicación de Biden estaba sugiriendo es que la puerta de la Cumbre seguía abierta a las dictaduras del hemisferio. El aparente giro de la Casa Blanca refleja una reacción a la afirmación del presidente mexicano de que, si los tres regímenes autocráticos eran excluidos, boicotearía el evento.

Andrés Manuel López Obrador (AMLO) adoptó esta postura pública, casualmente después de haber concluido una visita oficial a la Cuba comunista. En la isla cárcel, se reunió con los dictadores cubanos Raúl Castro y Miguel Díaz-Canel. Además de la habitual diatriba contra el embargo americano al régimen castrocomunista y otras locuras victimistas, el presidente mexicano recibió una medalla patrocinada por la dictadura. Es interesante observar que esta misma "distinción" ha sido otorgada a Saddam Hussein, Vladimir Putin, Hugo Chávez, Daniel Ortega, Nicolás Maduro, Nicolae Ceaușescu, Muammar Gaddafi, Evo Morales, Erich Honecker, Viktor Yanukovych y Xi Jinping, entre otros. Todos ellos han sido infractores en serie de violaciones de los derechos humanos graves. AMLO, acérrimo colaborador del socialismo continental, siguió bien el guion que recibió de La Habana.

Luis Arce, presidente figurado de Bolivia, anunció el miércoles 11 de mayo que también boicoteará la Cumbre del próximo mes, si las tres dictaduras socialistas no son invitadas. Cabe señalar que el régimen boliviano también debería haber estado en la lista de países a excluir de Biden. Evo Morales ha instituido el prototipo dictatorial del Foro de Sao Paulo en este país sin salida al mar. Sus elecciones amañadas, la persecución de los opositores políticos y la ausencia de Estado de derecho anulan cualquier credencial democrática.

La invasión rusa a Ucrania ha puesto de manifiesto muchas cosas. Destacan dos factores importantes. La ONU ha demostrado su escaso valor a la hora de resolver problemas seminales. Esto se debe a que las dictaduras se sientan junto a las democracias y se establecen falsos equivalentes. Esta desigualdad moral solo sirve a la tiranía.

Organizaciones estructuradas según ciertos criterios cualitativos, como la OTAN, por ejemplo, han ofrecido un valor contrastado. La Cumbre de las Américas fue concebida, desde su primera reunión en Miami, Florida, en 1994, umbilicalmente ligada al sistema democrático de gobierno. Su entidad matriz, la Organización de Estados Americanos (OEA), se fundó íntegramente sobre la premisa de que la democracia debía ser su modelo exclusivo de ejercicio sociopolítico.

La carta fundacional de la OEA precedió en más de siete meses a la Declaración Universal de Derechos Humanos de la ONU. En otras palabras, muchos aspectos de los principios inherentes a la OEA fueron adoptados en el documento de la ONU. Firmada en Bogotá, Colombia, el 30 de abril de 1948, y enmendada en 1967, 1985, 1992, 1993 y 1997, la principal naturaleza del organismo era la libertad, la democracia liberal y los gobiernos representativos.

En su preámbulo se expresa la convicción "de que el verdadero significado de la solidaridad americana y de la buena vecindad solo puede significar la consolidación en este continente, dentro del marco de las instituciones democráticas, de un régimen de libertad individual y de justicia social fundado en el respeto a los derechos esenciales del hombre".

Añade como uno de sus objetivos, "promover y consolidar la democracia representativa", (Art.1, Sec. B). Subraya que "la solidaridad de los Estados Americanos y los altos fines que con ella se persiguen exigen la organización política de los mismos sobre la base del ejercicio efectivo de la democracia representativa", (Art. 3, Sec. D). Esperemos que Biden mantenga la razón de ser de la Cumbre.

¿Es la democracia el sistema estándar de oro para las Américas?

Cuando nos referimos a un área como las Américas, ¿tiene primacía la geografía o un conjunto de valores? Se puede argumentar a favor de ambos. Sin embargo, los sistemas de gobierno se han convertido cada vez más en la principal medida para clasificar lo que une a las naciones, más que el lugar en el que se encuentran en el mapa. Las Américas, a juzgar por los acuerdos regionales y las doctrinas practicadas, se alinearon en la era moderna con el segundo factor. El hemisferio occidental hizo saber, tras la Primera Guerra Mundial, que la democracia y las sociedades libres serían la norma aceptada de gobierno y organización social.

Europa lo dejó claro cuando concluyó la segunda Guerra Mundial y comenzó la Guerra Fría. Oriente y Occidente se convirtieron, no en fronteras geográficas, sino en determinantes de la libertad y el socialismo totalitario. De repente, formar parte de Occidente incluía a países del Este como Japón, Corea del Sur, Australia, Taiwán, por nombrar algunos. La civilización occidental, esa fusión de Jerusalén, Atenas y Roma, incorporó a las naciones no cristianas. Los valores se convirtieron en la norma rectora.

El hemisferio occidental siempre se ha enmarcado más en un contexto de Norte/Sur, donde la división eran los sistemas de producción y distribución de la riqueza y la transparencia en la política. Esto no ha sido accidentalmente o por casualidad. La izquierda en América Latina ha elaborado un inteligente enfoque idiomático de las estrategias de guerra de clases. Dejando a un lado las diferencias lingüísticas y culturales entre anglos e hispanos (o latinos), la formación estructural de la consolidación regional pretendía descansar en el principio del gobierno consensuado. Esto significaba la creencia hemisférica de que un sistema republicano que ejerciera la democracia era la elección del continente.

Se redactaron numerosos documentos políticos que así lo especificaban. La Carta fundacional de la Organización de Estados Americanos (OEA) (1948), la Carta de San José (1969), la Declaración de Viña del Mar (1996), la Declaración de Quebec (2001) y la Carta Democrática Interamericana (2001) son algunas de las afirmaciones americanas que subrayan que la democracia y los gobiernos representativos son la norma establecida de funcionamiento político en el hemisferio occidental.

A pesar de este claro compromiso de guiar la política estatal en todo el continente, las dictaduras han molestado continuamente a la región. Algunas, como la castrocomunista han durado más de seis décadas y la chavista-castrista más de dos. Ante este contraste entre la teoría y la práctica, se han seguido dos doctrinas históricas y contrapuestas.

Una es la Doctrina Estrada (1930), llamada así por el secretario de Relaciones Exteriores de México, Genaro Estrada. Esta sirvió como instrumento intelectual de la praxis que abrazaba la premisa de la no intervención en los asuntos de otros países, aceptando regímenes no democráticos como legítimos basándose en su control de facto del poder. La Doctrina Estrada deleitó a las dictaduras como regla política legitimada por la geografía, en lugar de a los gobiernos que respetan los derechos humanos.

El instrumento competidor era moralmente convincente y estaba de acuerdo con el propósito de la OEA de apoyar a las sociedades libres. La Doctrina Betancourt (1959), llamada así por el presidente venezolano Rómulo Betancourt, estableció un código de conducta y una ética que debían seguir los gobiernos de las Américas. Apoyaba la postura de que las dictaduras, tanto si procedían de un marco ideológico de izquierda como de derecha, no fueran reconocidas ni acogidas en la comunidad regional de repúblicas libres. Además, la Doctrina Betancourt abogaba por medidas estatales proactivas, abiertas y encubiertas, para ayudar a liberar a las naciones cautivas del hemisferio occidental. Esto significaba un ethos democrático en su máxima expresión.

Hoy, Cuba, Venezuela, Nicaragua y Bolivia son claras dictaduras. Chile y Perú van camino de convertirse en regímenes no democráticos, siguiendo el prototipo dictatorial del Foro de Sao Paulo (1990). Argentina y México están dirigidos por gobiernos que forman parte del eje socialista del despotismo continental, dirigido por el régimen castrista. Este domingo, 19 de junio, Colombia celebrará unas elecciones presidenciales fundamentales. Un resultado desfavorable podría inclinar la balanza y dejar el principio americano de gobernabilidad democrática en una posición minoritaria y debilitada.

El candidato marxista, Gustavo Petro, debería perder las elecciones frente al outsider, Rodolfo Hernández. Afortunadamente, Colombia tiene un sistema electoral mayoritario, que requiere una segunda vuelta, en ausencia de una mayoría absoluta. Si hubiera existido un modelo electoral pluralista, Colombia estaría en camino de la consolidación comunista. Así es como el chileno Salvador Allende y el nicaragüense Daniel Ortega llegaron al poder (para Ortega fue la segunda vez). El dilema general aquí es ¿cómo puede una república libre exponerse a la aniquilación permitiendo que un candidato antisistema como Petro compita por el poder?

Esta es una pregunta que los grandes líderes continentales republicanos, que formularon la democracia y los valores que se desprenden de este ejercicio de gobierno como norma de las Américas, no lograron abordar. Las elecciones democráticas nunca fueron diseñadas para facilitar el ascenso al poder de los autócratas. Es hora de trazar un "Plan B" eficaz. Tal vez sea necesario que surja una Doctrina Betancourt reforzada. Los sistemas electorales inteligentes también podrían ayudar.

CAPÍTULO 9 FORO DE SAO PAULO

Foro de Sao Paulo: la Internacional castrocomunista

La Unión Soviética (URSS) no inventó el comunismo, pero sí fue el primer Estado moderno en implementar exitosamente este sistema. La versión del socialismo/comunismo que sobrevivió la guerra entre las facciones de las internacionales del siglo XIX fue la pseudocientífica que confeccionaron Karl Marx y Friedrich Engels.

Epistemológicamente, ésta era un ensamblaje compuesto de fragmentos de la filosofía alemana (Hegel, Feuerbach), la economía política inglesa (Locke, Smith, Ricardo), el socialismo francés (Babeuf, Fourier, Saint-Simon, Proudhon, Rousseau) y todo este contenido yacía dentro de una morada positivista (Comte) que consecuentemente, emplearían una coordinación económica fiel a los preceptos socialistas (centralizada, planificación, medios productivos/distributivos en manos gubernamentales).

Le tocó a Vladimir Lenin y los bolcheviques dar un golpe de Estado descarado a la democracia incipiente rusa para amoldar las ideas de Marx y Engels a un proyecto político.

Irremediablemente, la praxis de este experimento condicionaba su factibilidad, a la estructuración de la sociedad y el poder político dentro de los parámetros de un régimen de dominación total. Es cierto que hubo modificaciones de este patrón y ejercicios de pragmatismo prácticos e ideológicos para acaparar la supervivencia. El objetivo de universalizar la hegemonía comunista, sin embargo, permaneció una obsesión inmutable a través del siglo XX.

La herramienta de reclutamiento y penetración para promover el proyecto imperialista del comunismo fue la secuencia de "internacionales" y organizaciones de pantallas que la URSS forjó y auspició para aglutinar y direccionar a todos los movimientos y regímenes marxistas-leninistas en el mundo. Primero fue el Komintern (III Internacional 1919-1943), luego el Kominform (1947-1956) y finalmente forjaron instituciones como el CAME, el Pacto de Varsovia y un nutrido grupo de organizaciones disfrazadas por todo el mundo, todas bajo la tutela de Moscú y en colaboración con la KGB y el politburó soviético. Adicionalmente, la URSS entrenó, financió y socorro la expansión del comunismo internacional, directa e indirectamente, por las armas con satélites proactivos como el Frente Popular

(España), Cuba comunista, grupos islámicos y movimientos marxistas-leninistas titulados de "anti colonizadores", "liberación nacional", pseudorreligiosos "tercermundistas" y de la teología de liberación, etc. Sin duda, este proyecto ambicioso de ensanchamiento y sustentación socialista conllevó un costo extraordinario.

Cuando los EE. UU. reformuló su política para combatir la ofensiva comunista de contención (Doctrina Truman) a una de reversión (Doctrina Reagan), la dinámica cambió a favor del orden democrático. La insuficiencia de la capacitación productiva de la URSS para abordar el costo galopante de mantener y promover el imperio marxista mundial y enfrentar el reto nuevo de los EE. UU., obligó modificaciones a su modelo operacional en un intento de supervivencia que no se alcanzó. La idea de transformar el formato económico sin alterar el Estado leninista, como hicieron exitosamente los chinos y vietnamitas, no fue recibido con entusiasmo por los burócratas soviéticos. Mijaíl Gorbachov, el hombre puesto ahí por el politburó para salvar el comunismo, al no encontrar el apoyo para modificar la economía, enmendó el entorno político pensando así encontrar el apoyo a las reformas económicas que era lo que buscaba. En el intento, al esterilizar el pilar más fundamental del control totalitario del poder político, el centralismo democrático, se le fue de las manos y cayó el comunismo soviético.

El derrumbe del Muro de Berlín y la disolución de la URSS, dos años después, no significó la caída del comunismo. Lo que se esfumó fue solamente la versión metodológica y hegemónica soviética. El comunismo se mutó. El dictador cubano Fidel Castro fue el arquitecto y autor intelectual del rescate del comunismo internacional a partir de ahí. Escogió de socio auspiciador a Luis Ignacio Lula da Silva, un sindicalista comunista con buenas relaciones con la inteligencia castrista. El país natal del marxista brasileño fue un cálculo conveniente. Brasil ofrecía muchos beneficios para servir de escenario desde donde se podría lanzar un proyecto estratégico nuevo para salvar y relanzar el comunismo. En adición de ser la nación más poblada de América Latina, de ser una potencia económica y de tener fronteras con diez países en Sur América, Brasil presentaba un rostro de "no alineado" o "tercermundista" y el Partido de los Trabajadores que lideraba Lula, partido de inclinación marxista, tenía experiencia navegando en el proceso político dentro de una democracia. ¿Qué mejor lugar para organizar una internacional de renovación comunista que Sao Paulo?

Desde su fundación en 1990, el Foro de Sao Paulo (FSP), una imitación metafísica y estructural de las internacionales como el Komintern y Kominform, ha tenido 25 encuentros celebrándose en diversas capitales de América Latina. Agrupando a la mayoría de los partidos y movimientos de la izquierda radical, no solamente de las Américas, sino también de todo el mundo, el FSP es mucho más que la vitrina coreografiada que demuestra una festividad jovial que agrupa a la ultraizquierda y está llena de ponencias anticapitalistas, con sus declaraciones y cantaletas y racionalizaciones socialistas. Los encuentros sirven para eso: proyectar una imagen cargada de simbología, reforzar ideológicamente el comunismo como aspiración viable y sostenible y propiciar un terreno fértil de reclutamiento para la inteligencia castrocomunista. Pese a celebrar los encuentros en distintos lugares, su base está, donde siempre ha estado desde su fundación, en La Habana.

El FSP tiene su centro de mando en Cuba comunista. Desde ahí, desde la década de los 1990, el comunismo cubano reconfiguró la metodología para alcanzar el poder político. Sin el sostén financiero de la URSS, había que abandonar la estrategia del terrorismo rural y urbano, la guerra de guerrillas, las bombas, los secuestros abiertos como métodos de lucha tan prevalente en las décadas de los 1960, 1970 y 1980. El paradigma de la lucha por el poder político tenía que ser otro. Tenía que ser la vía chilena, la que empleó Salvador Allende de llegar al poder por el camino democrático y una vez instalado, empezar el proceso de ir comunizando al país. Como el castrocomunismo aprendió mucho del ejemplo chileno, para mitigar la potencialidad de fracasar, las FF AA fueron objetos de neutralización por diferentes mecanismos: acusaciones de "violaciones" de DD. HH., corrupción, retiros forzados, etc. A partir de la década de 1990, vemos cómo las FF AA fueron sistemáticamente defenestradas en una serie de países que vencieron intentos subversivos de colapsar el orden existente.

Las semillas plantadas por la dictadura cubana vieron sus frutos en la década de los 2000 con el ascenso del modelo dictatorial que brotó del FSP en Venezuela, Nicaragua, Ecuador, Bolivia, Brasil, Argentina, Paraguay y un buen número de gobiernos subordinados al llamado socialismo del siglo XXI, una versión del socialismo real del siglo XX con ajustes cosméticos, logísticos y prácticos. Cuando miramos la hoja de expediente de la guerra comunista por el poder en América Latina entre 1959 a 1990, todas las conquistas del comunismo internacional en el continente americano fueron revertidas, excepto Cuba. Sin embargo, ese no ha sido el caso con el modelo dictatorial del FSP y su enfoque estratégico a partir de la reformulación metodológica del comunismo. La lista de países cautivos ha sido mucho más abultada desde que se empezó a usar este nuevo modo de usurpar y retener el poder. Las excepciones de los países que lograron escapar de las garras de este patrón dictatorial fueron esos donde las FF AA no fueron defenestradas o cooptadas.

¿Qué se debe hacer para rescatar la democracia continental? Muy simple. Recordar lo que funcionó y emplearlo con sensatez. Si las décadas de lucha contra el comunismo fue un éxito desde los 1960 hasta los 1980 (lo fue), entonces hay que aprender del pasado, evitar sus excesos, pero abrazar lo que funcionó. La naturaleza del comunismo no ha cambiado. Lo que sí cambió fue la metodología que las democracias han empleado para confrontarlos, ganarles y preservar el orden republicano y las sociedades abiertas. La respuesta no debe ser solamente bélica, sino ideológica, económica y cultural también.

¿Por qué triunfa el Foro de Sao Paulo en su intento por imponer un modelo dictatorial?

La historia de la subversión marxista en el hemisferio occidental comenzó en 1919. El golpe de Estado bolchevique en Rusia, significó el comienzo de una guerra comunista global por el poder político. A pesar de los éxitos de la Internacional Comunista (Comintern) y de la inteligencia soviética en la desestabilización de los regímenes democráticos en toda América, incluyendo la penetración en instituciones tan importantes como la de varias administraciones presidenciales americanas, las victorias en el hemisferio occidental fueron, en su mayoría, escasas. La revolución castrocomunista impulsó el expansionismo socialista de una manera sin precedentes después de 1959. Irónicamente, no fue hasta la caída del comunismo soviético, treinta y dos años después, que el despotismo socialista comenzó a florecer realmente en América Latina.

Desde 1959 hasta 1990, a pesar de una de las campañas más completas de insurgencias comunistas llevadas a cabo en cualquier parte del mundo, tanto rural como urbana, el resultado de la guerra del comunismo contra el orden existente fue un fracaso flagrante. Ningún país de América

Latina se salvó del ataque marxista. Sin embargo, no hubo ninguna dictadura socialista en el poder, excepto en Cuba, cuando cayó el comunismo soviético.

Las razones del éxito de la libertad para derrotar los intentos marxistas de derrocar gobiernos o hacer retroceder a los regímenes socialistas que llegaron al poder (República Dominicana, Chile, Jamaica, Granada, Nicaragua) fueron claras. Las fuerzas públicas, incluyendo el ejército, la policía y los servicios de inteligencia (nacionales y extranjeros), hicieron un trabajo magnífico para impedir la formación de dictaduras comunistas y/o desarraigarlas. Otro factor importante fue una cruzada moral e ideológica bien aderezada para desbaratar la propaganda socialista a lo largo de esas tres décadas.

La caída del Muro de Berlín provocó la mutación del comunismo. El comunismo asiático, ese mejunje de Estado leninista con economía mixta y practicado en China y Vietnam, se solidificó en la masacre de la Plaza de Tiananmén de ese mismo año. El régimen ruso postsoviético dio lugar a una cleptocracia. Utilizó esquemas de "privatización" para empoderar a antiguos oficiales comunistas y de inteligencia para establecer una dictadura a la que muchos se refieren hoy como putinismo.

El marxismo cultural, una adaptación moderna de la praxis marxista que eliminó la economía y la sustituyó por la cultura como determinante principal en la construcción de la conciencia de las masas y la confección de la revolución (violenta o no violenta), ha sido el camino posterior a 1989 hacia el poder en las democracias occidentales establecidas. Un cuarto modelo, totalmente relevante en América Latina, se estableció en el Foro de Sao Paulo (FSP) en 1990.

Incapaz de acceder a los abundantes recursos de la Unión Soviética para financiar las guerras beligerantes comunistas por más tiempo, el régimen de Castro estaba decidido a rescatar el socialismo en América Latina y continuar su promoción. El extinto tirano cubano recalibró la estrategia y desarrolló un prototipo dictatorial que pudiera adaptarse a las circunstancias. Esto requería un cambio metodológico.

Las insurgencias se llevarían a cabo ahora mediante protestas y disturbios masivos, huelgas laborales, interrupciones del transporte y de los servicios públicos, y otros modos violentos de discurso social, todo ello canalizado para producir crisis. Los insurgentes marxistas, siguiendo el modelo de poder del FSP, debían competir en las elecciones como "demócratas". Si o cuando ganaran, se iniciaría un proceso de deconstrucción sistémica. Esta era la versión del siglo XXI de una revolución socialista.

El revisionismo constitucional, la castración del poder judicial, la fusión del Legislativo con el Ejecutivo, la asfixia de los medios de comunicación y la conversión de los empresarios en cortesanos del régimen era el plan general. El elemento táctico más importante del plan de juego autocrático del FSP era cooptar o defenestrar a las fuerzas armadas. Esto tenía su lógica. El preludio del mecanismo del FSP se experimentó por primera vez en Chile, en 1973.

Salvador Allende siguió el mismo camino furtivo hacia el socialismo que el esquema de Castro de 1990. Resultó, sin embargo, que el líder militar que el marxista chileno colocó como jefe de las fuerzas armadas, el general Augusto Pinochet, frustró el proyecto de la comunización chilena, en lugar de sostenerla. El comunismo cubano no quiso repetir este percance y destacó la priorización de esta estrategia con los militares (cooptar o defenestrar), en su proyecto del FSP.

En fuerte contraste con la fórmula pre-FSP, desde 1990, catorce naciones han caído al socialismo en América Latina (Venezuela, Nicaragua, Bolivia, Argentina, Uruguay, Paraguay, Brasil, Ecuador, Honduras, El Salvador, México, Perú, Chile y Colombia). Seis invirtieron el rumbo (Argentina, Uruguay, Paraguay, Brasil, Ecuador y Honduras) y dos de ellos volvieron a la situación anterior de poder del FSP (Argentina y Honduras).

El principal factor que contribuyó a la mayoría de los países que pudieron liberarse fue la capacidad de los militares de mantener su integridad (Brasil, Ecuador, Paraguay y Uruguay). El caso de Argentina se debió al carácter caníbal de las facciones peronistas que cohabitan en las instituciones públicas y a la división política urbana/rural.

Colombia tiene ahora un presidente comunista. Petro fue uno de los primeros insurgentes marxistas en atender el llamado de Castro para adoptar la metodología del FSP. El éxito del modelo del Foro de Sao Paulo no reside en la brillantez de los comunistas, sino en la estupidez de los demócratas continentales. Siguen creyendo en estos terroristas disfrazados y no han elaborado una política eficaz para enfrentar esta nueva variante de la subversión socialista. Por ahora, dependerá del éxito de los militares colombianos resistir el intento de neutralizar su capacidad de defender al país. Ellos son ahora los guardianes pretorianos de la libertad.

ACERCA DEL AUTOR

Julio M. Shiling es politólogo, autor, conferencista, comentarista en los medios, columnista y director de los foros políticos y las publicaciones digitales Patria de Martí y The CubanAmerican Voice. Tiene una Maestría en Ciencias Políticas de la Universidad Internacional de la Florida (FIU) de Miami, Florida. Es miembro de The American Political Science Association ("La Asociación Estadounidense de Ciencias Políticas") y el PEN Club de Escritores Cubanos en el Exilio.

Es autor de catorce libros, incluyendo el muy aclamado *Dictaduras y sus paradigmas: ¿por qué algunas dictaduras se caen y otras no?* 3a ed. (2013, 2022), anteriormente una obra de dos tomos y ahora formateado en un solo libro. Su fluidez en inglés le ha permitido publicar sus obras en ese idioma también. Sus artículos y ensayos se han reproducido en decenas de publicaciones impresas y electrónicas en los Estados Unidos, América Latina y Europa. En capacidad de politólogo y comentarista en los medios, es un invitado frecuente en programas locales, nacionales e internacionales de televisión, la radio, pódcast y otras plataformas mediáticas.

Desde 2006, Julio M. Shiling dirige Patria de Martí. En 2020, inauguró The CubanAmerican Voice, un medio digital en inglés. Patria de Martí fue galardonada con el Premio Derechos Humanos Libertad 2015 por la Asociación por la Paz Continental (ASOPAZCO), una ONG española consagrada con la promoción de los derechos humanos en el mundo. Adicionalmente, en 2015, fue otorgado el reconocimiento Bandera Cubana en Boston, Massachusetts, en ocasión de la celebración del Grito de Yara. En 2017, recibió el Premio Herencia de Cuban Cultural Heritage, por su aporte a la cultura cubana. También ha fundado y dirigido empresas de seguros y servicios financieros.

Como conferencista participa regularmente en foros, conferencias, paneles de discusión y otros actos públicos. Además de eso, Patria de Martí auspicia "Simposios por un Mundo Libre", un ciclo de conferencias diseñadas para promover una mayor concienciación cívica con apego a la libertad y la democracia.

Nacido en La Habana, Cuba, a los seis años partió al exilio con su familia. Después de una breve estadía en Madrid, España, se trasladaron a los Estados Unidos estableciéndose en Union City y West New York, ambas ciudades en el estado de New Jersey. Unos años más tarde, se mudaron a Miami, Florida, donde reside actualmente.